내면의 그림

C. G. 융이 분석심리학적 치료를 위해 가시화한 내면의 이미지들

Das
Buch
der
Bilder

내면의
그림

루트 암만
베레나 카스트
잉그리트 리델

박경희 옮김

muJintree
뮤진트리

▪ 일러두기

– 이 책은《Das Buch der Bilder》(Patmos Verlag, 2018)를 우리말로 옮긴 것이다.
– 원어는 맨 처음 언급될 때만 표기함을 원칙으로 하나, 정확한 이해가 필요한 부분에는 다시 표기했다.

머리말

취리히 C. G. 융 연구소는 1948년 4월 24일에 설립되었다. 2018년에 설립 70주년을 맞이하며 우리는 아직 대중에게 널리 알려지지 않은, 특별한 것을 공개하고자 한다. 취리히 C. G. 융 연구소의 그림 아카이브에 보관된 환자들의 그림이 그것이다. 1917년 무렵부터 C. G. 융은 그의 환자들이 그들의 꿈과 상상을 그림으로 형상화하도록 격려했다. 상상 활동, 그림의 형상화, 상징으로서의 그림에 대한 이해는 물론 그림을 이용한 작업의 치료 효과, 상징적 형상화를 통한 정신적 괴리의 해소는 융 유형의 이론과 치료의 핵심을 이룬다. 융은《정의들Definitionen》에서 이렇게 썼다: "상상 활동으로서의 환상이란 내게 한 마디로, 그림이나 내용의 형태로만 의식에 전달될 수 있는 정신의 생명 활동, 정신 에너지의 직접적인 표현이다."《전집》6, §792)

융의 중요한 동료 중의 한 사람이며 자신도 그림을 이용한 작업에 몰두했던 욜란데 야코비는 1917년 무렵부터 1955년까지 C. G. 융의 환자들이 그린 그림 약 4500점을 수집하여 C. G. 융 연구소의 아카이브에 보관해왔다. 그녀의 상담실에서 수집한 약 6000점의 그림들도 이 아카이브에 포함되었다. 아카이브의 그림들은 욜란데 야코비, 루돌프 미헬, 미셸 에드워즈, 세실리아 로스트, 파울 브루트셰, 비센테 L. 데 무라, 루트 암만과 같은 융 학파의 분석심리학자들에 의해 관리되고 체계화되어 왔다.

환자들의 그림과 그와 관련된 적극적 상상Aktive Imagination에, 즉 융이 어떻게 내면의 그림들을 치료의 형태로 발전시켰으며 그 방법은 어떻게 응용되었는가에 관심

있는 이들이 자주 그림 아카이브를 열람한다. 현재 아카이브의 큐레이터인 루트 암만은 취리히 C. G. 융 연구소의 설립 70주년을 기념하여, 이 귀한 소장품들의 일부를 일반에 공개하자는 생각을 하게 되었다. 여러 종류의 소장품들 중 우선 그림들의 일부를 공개하고, 그림에 상응하는 글도 덧붙이기로 했다. 나와 잉그리트 리델이 이 제안을 흔쾌히 받아들였다. 슈바벤 출판사의 대표인 울리히 페터스와 자회사인 파트모스 그룹의 크리스티네 노이엔 역시 암만의 제안에 적극 동참했다. 그들의 눈앞에 곧 멋진 책이 떠올랐다.

공개되는 그림들은 동시에 미술관에 전시되어야 했다. 우리는 장크트 갈렌의 '스위스 나이브 아트와 아르 브뤼 미술재단'이 후원하는 라거하우스 박물관의 큐레이터인 모니카 야크펠트를 전시 큐레이터로 영입할 수 있었고, 이곳에서 우리의 전시를 개최할 수 있었던 것을 대단히 기쁘게 생각한다. 전시가 개최되면서 이 책《내면의 그림》에도 전시회의 그림들이 수록될 수 있게 되었다. 그러므로 이 책은 한편으로 전시회의 도록이기도 하다. 이 자리를 빌어 나는 나와 다른 두 발행인 루트 암만, 잉그리트 리델을 대표하여 이 책에 글을 쓴 모든 이들의 동참과 노고에 진정으로 감사의 말을 전한다. 아름다운 책의 구성을 맡아준 크리스티아네 노이엔과 울리히 페터스를 비롯하여 수잔 바흐 재단의 아낌없는 지원에도 감사를 드린다.

발행인 대표
베레나 카스트

상상의 세계에서

C. G. 융의 소장품

모니카 야크펠트

C. G. 융 연구소의 그림 아카이브 공개되다

정신과 전문의이며 분석심리학 창시자인 C. G. 융의 소장품, 그의 환자들의 그림이 장크트 갈렌의 라거하우스 박물관에서 처음으로 공개되었다. 이 전시를 통해 퀴스나흐트의 취리히 C. G. 융 연구소는 오랜 기간 보존해온 귀한 소장품들을 널리 대중에게 선보였다. 2018년에 C. G 융 연구소가 설립 70주년을, 라거하우스 박물관은 건립 30주년을 맞이한다는 사실이 전시의 동기가 되었다. 약 4500점에 이르는 C. G. 융의 소장품들은 회화가 큰 비중을 차지하고 있으나 1917~1955년에 제작된 소묘와 자수들도 포함하고 있다.[1] 작가가 알려지지 않은 작품들은 105개의 사례번호에 따라 정리되었다. 이 중 일부는 기존 전시회들에 제공된 적이 있다. 일련의 만다라 작품은 2012년에 미국 조지아주 애틀랜타의 오글소프 대학 미술관에서도 관람할 수 있었다. 그러나, 소장품에 대한 개괄적 인상을 갖는 것은 지금껏 불가능한 일이었다.

이런 종류의 소장품은 역사적으로 매우 희귀한 것이기도 하다. 수집품은 대개 의사들에 의해 수집되어 정신병동에 보관되어 있다. 예를 들어 스위스의 베른/발다우 신경정신과 박물관Schweizerisches Psychiatrie-Museum Bern이 소장한 모르겐탈러 수집품과 독일 하이델베르크 대학병원 신경정신과의 프린츠호른 수집품이 그렇다. 전자는 정신과 전문의인 발터 모르겐탈러가 발다우에 입원해 있던 그의 환자들의 작품을 수집한 것이다. 후자는 독일어권의 병원들에서 하이델베르크 대학병원의 미술사가이자 의사였던 한스 프린츠호른에게 보내졌던 작품들인데, 프린츠호른은 이를 바탕으로 정신병동에 입원한 환자들의 미술작품들을 학문적으로 분류하고 체계화했다.[2]

C. G. 융의 수집품들은 근본적인 면에서 정신병동의 기존 수집품들과는 구별된다. 첫째, 융의 환자들은 병동에 입원한 환자들이 아니었다. 그들은 1909년, 취리히 호숫가의 퀴스나흐트에 문을 연 융의 개인 진료실을 자유로이 드나든 사적인 환자들이었다. 따라서 그림의 창작과 재료를 준비하는 기본조건부터 달랐다. 예술 작업을 이끄는 동기에도 차이가 있었다. 당시 정신병동 환자들의 작업방식은 치료사의 안내나 격려 없이, 개별적이고 자발적인 경우가 많았다. 대다수의 작업들이 금치산자禁治産者, 격리, 삶의 공간과 소유물의 상실, 자기 정체성의 상실과 같은, 병동에서 경험한 개인적인 위기상황을 반영한다. 따라서 여기서 미술은 치료를 보조한다기보다 새로운 삶의 현실에 부합하는 새로운 정체성의 형성과 생존전략의 획득을 목표로 한다. 반면, 융의 환자들에게는 이런 것들이 전혀 해당

하지 않는다. 그들의 작품은 상실의 반영이 아니라, 더 깊은 자기Selbst 탐구의 표현이다. 그들은 준비된 치료 과정의 일환으로 융의 지도에 따라 내면의 그림과 형상을 가시화한다. 융과 더불어 논의하고 융에 의해 분석된 이 작품들은 의심할 바 없이 치료 과정의 일환이며, 독립적인 예술로 생성된 것들은 아니다. 그러나 그렇다고 그것들이 예술이 아니라고 할 수 있는가?

신화에 도취하여

실제로 C. G. 융의 수집품은 독보적이며 당대 어떤 정신과 전문의의 수집품과도 비교할 수 없다. 유사한 것이라면, 그가 1914년부터 16년 동안 저술한 《레드북》에서 스스로 형상화한 그의 작품들뿐일 것이다. 《레드북》에 대한 해석 역시 그의 환자들의 그림에 시사하는 바가 크다.

《레드북》에서 융은 내면의 그림들과 환상의 논쟁들을 통한 자기 실험의 정수를 보여준다. 처음에 그가 그의 일기장들, 소위 '검은 책' 안에서 천착했던 문제들은 이후에 붉은 가죽 장정의 《레드북》에 캘리그라피로 옮겨졌으며, 마지막으로 '재료화한' 그림들이 보충되었다. 이 과정에서 그는 자신이 예술가보다는 연금술사에 가깝다고 느꼈다. 왜냐하면 그의 꿈과 환상들이, 그의 환자들의 경우처럼 연금술과 유사한 모티프를 지닌 신화적인 그림들로 넘치는 걸 발견했기 때문이다. 더 나아가, 그는 예술을 배제한다. 무의식은 그에게 자연이지, 인위적 예술이 아니었다.

"사람들은 말했다. 그는 타고난 예술가입니다. 그러나 내게 영향을 끼친 것은 그저 무의식에 불과했다. 이제 나는 그 드라마를 있는 그대로 따르는 법을 배웠다. 외적인 삶의 드라마를 따르듯"[3]

"무엇인가, 내가 하고 있는 것은, 과학이 아닌 것은 너무나 확실한데, 이것은 무엇인가? 그때 목소리가 내게 말했다: '이것은 예술이다.' 그것이 내게 너무도 기묘한 인상을 주었던 듯하다. 내가 쓰는 것이 예술이라니. 나는 전혀 그렇게 여기지 않았으므로(⋯) 그리고 나서 나는 생각했다. '어쩌면 내 무의식이 바야흐로 내가 아닌, 그러나 반드시 표출되고자 하는 어떤 인격 Persönlichkeit을 형성하는 중인가.' 왠지 모르겠으나 나는 확신했다. 방금 내게, 나의 글쓰기가 예술이라고 말했던 그 목소리가 한 여자로부터 온 것임을. (⋯)이제, 나는 그 목소리에 단호하게 말했다. 내가 하는 것은 예술이 아니라고. 나는 내 안에서 크나큰 반감이 자라나는 것을 느꼈다. 그럼에도 글쓰기를 계속했다. 그러고 나서 처음과 같이 잇따른 충격을 경험했다. '이것은 예술이다.' 이번에 나는 목소리를 놓치지 않고 대꾸했다: '아니, 이것은 예술이 아니오.' 그리고 논쟁을 예상했다."[4]

융의 내면의 그림들과 환상에 관한 연구는 집단 무의식에 관한 집중적인 논쟁을 의미하며, 그의 분석학 작업에도 변화를 불러왔다. 그는 비슷한 자기실험을 시도하도록 환자들을 격려하고, 적극적 상상을 수행할 수 있게 그들을 지도했다. 그리고 내면의 그림들이 떠오르게 하는 방법을 보여주었다. 어떻게 깨어 있는 상태의 비전을 작동시켜 내면의 대화를 하며 그들의 환상을 그림으로 그릴 수 있는지. 환자들은 "스스로 그림 안으로 들어가, 자신이 그린 인물들 중 하나가 되기를" 시도해야 했다. 융은 이렇게 요구했다. "당신은 더 많이 그것들 안으로 들어가야 합니다. 무슨 말인가 하면, 당신은 내면의 그림과 인물들 안으로 더 깊숙이 들어가, 그 안에서 당신 자신의 의식적이고 비판적인 자기 Selbst가 되어야 한다는 겁니다. 자신의 판단과 비판을 그 내면의 인물들에게 강요해야 합니다."[5]

한 여성 환자는 이렇게 회상한다.

"그 초기의 나날들에 분석상담 시간에 가보면, 자주 소위 《레드북》이 이젤 위에 펼쳐있곤 했어요. 융 박사는 뭔가를 그리고 있거나 이제 막 그림 하나를 완성한

다음이었죠. 가끔 그는 자신이 그린 것을 내게 보여주었고 부가 설명을 했어요. (…)스승이 제자에게 시범을 보인 것이죠. 정신 발달에 들이는 시간과 노력이 결코 헛되지 않다는 것을."[6]

C. G. 융의 수집품은 "우리에게 분석심리학적 치료의 전개와 이 과정의 상징들을 통찰하게 해준다. 그 외에도 융의 환자들이 치료과정에서 무엇을 경험했는지를 보여주는 그림들과 서지들이 있다"고 비센테 L. 데 무라는 쓴다(12~17쪽 참고).

융에게는 원형이 그런 식으로 인식될 수 있다는 점이 중요했다. 만다라는 그에게 원형의 보편성을 보여주는 가장 좋은 예 중 하나이자(62~69쪽 참고), 그의 환자들의 정신발달, 특히 그들의 만다라 그림이 단순히 치료사의 제안을 통해서만 생겨난 것이 아님을 말해주는 증거였다. 인격의 중심을 상징하는 만다라는 관람객을 전시장의 중심에, 더 나아가 그들의 자기Selbst를 중심에 세운다.

자리매김, 주제들

만다라와 관련된 상징들 외에도 융의《레드북》과 환자들의 작업에서는 눈에 띄게 반복되는 모티프들이 있다. 뱀, 태양, 빛, 생명수生命水이자 해일로서의 물 혹은 물과 배(사례 010), 생명의 나무生命樹, 통로의 공간들, 세계로서의 알宇宙卵과 인간이 언제나 다시 등장한다. 동물과 풍경 외에 몽환적이고 우주적인 묘사들도 있다. 초현실적이고 환상적인 장면들과 그로테스크한 것들도 공존한다. 융에게 있어 자신의 신화를 향한 입구를 갖고 있지 않은 사람은 "과거, 선조의 삶(그 사람 안에 언제나 살고 있는)과도 현재의 인간 공동체와도 진정한 관계를 갖지 못한, 뿌리 뽑힌 자"[7]였다. 그렇게 그림들은 뿌리내림과 자리매김의 역할을 한다. 전시는 다양한 형상화 작업들 가운데 내용 면에서 상응하는 것들을 보여줄 수 있도록 여러 사례를 주제별로 묶어보

고자 했다. 이 책에서 상세히 논의되는 그림 연작들은 적극적 상상의 과정을 심화하는 모범사례로서 전시회에서도 폭넓게 제공되어야 할 것이다. "이성의 잠은 괴물을 낳는다." 프란시스코 데 고야의 연작〈로스 카프리초스〉(1799)에 새겨진 글이다. 적극적 상상은 융의 환자들에게도 일련의 기묘하고 두려운 존재를 환기하거나(사례 037, 050, 064, 혹은 034), 그림 속에서 무의식이 위협하는 검은 구름으로 나타나기도 한다(사례 105). 개인적인 갈등과 두려움은 개별적인 악령들을 만들어낸다. 이 "주관적인 신화" 안에 자주 여성이 중심에 선다. 융의 지도에 따라, "스스로 그림 안으로 들어가 그 안에서 자기 안의 어떤 인물이 되기" 위해 그려진 이 그림들은 여성들에 의해 창작된 것으로 보인다. 성과 육체 그리고 성적·육체적 정체성은 전시가 갖는 중요한 의미이며 하나의 중심 주제다. 모성의 모티브도 엿보인다. 여기서 상담사이며 분석가인 융과 그림 안에서 상처를 구체적으로 표명하는 환자들 사이에 대립이 일어난다. 융은 이것들을 원형의 상상력으로 승화시키는 반면, 갇히고, 묶이고, 십자가에 매달린 여자의 모습은(사례 026, 034, 056, 055) 혼란스럽다. 때로 성적 맥락에서 난폭한 상징에 위협당하는 것처럼 보이기도 한다(사례 105와 같은 대규모 연작의 경우).

그림 아카이브에 사진으로 보관된 사례 064의 그림은 분석과정 자체를 그림에 담고 있다(132쪽 참고). 여자는 벌거벗은 무방비상태로 천 위에 무릎을 꿇고 있고, 그녀의 맞은편에는 마법의 원이 떠 있다. 거기서 흘러나온 빛이 여자의 몸속으로 깊은 구멍을 내며 타들어간다. 구멍은 지시를 받아들이는 커다란 귀의 형태를 하고 있다. 어쩌면 눈처럼 보이기도 하는 그곳에서 다시 빛이 원을 향해 돌아간다. 이 여성 환자는 그 아래에 '분석'이라고 썼다.

또 다른 사례(041)에서는 1939~1947년에 경험한 역사가 지옥의 그림들로 형상화된다(147~153쪽 참고). 이 그림들은 전쟁을 경험한 세대의 트라우마를 여실히 보여준다. 그렇게 소장품들은 시대 역사적인 관련성은 물론 C. G. 융의 미학적 영향, 유겐트 양식과 상징주

의의 예술적 특징들을 중재한다. 몇몇 어두운 괴물들은 오딜롱 르동Odilon Redon이나 알프레드 쿠빈Alfred Kubin을 연상시키며(사례 034), 특히 그림 연작 사례 009와 042는 양식의 단순화와 추상화를 통해 현대성을 반영하고 있다. 다다 운동과 같은 해에 융이 창단한 '심리학 클럽'도 서로 연관이 없지 않았다(35~50쪽에 실린 사례 009에 관한 도리스 리어의 글 참고). 사례 004나 026의 그림들은 초현실주의에 가까우며, 사례 067의 표현방식은 헤르만 로샤의 잉크반점 그림들을 떠올린다. 몇몇 식물 그림들은 카를 블로스펠트Karl Blosfeldt의 사진미학을 반영하기도 한다(사례 012, 018). 물론 작품의 질적 완성도는 적극적 상상을 가시화하려 시도한 비전문가들인 환자들의 재능에 따라 차이가 있다. 그렇다 해도 대다수 작품이 놀랄 만큼 높은 수준을 유지하고 있다. 이미 언급한 것들 외에 예를 들자면 사례 019의 작품그룹이 그렇다(92~93쪽 참고). 구상球狀의 비전과 화려하게 짜인 만다라는 섬세한 수채화뿐 아니라 자수로도 제작되었다.

"일생의 작업을 위한 재료"

《레드북》의 완성은 C. G 융에게 무엇보다 중요한 일이었다.

"나 자신의 내면의 그림들을 쫓던 그 시절이 내 인생에서 가장 중요한 시간들이었다. 모든 근본적인 것들이 여기서 비롯된다. (…)훗날 나의 모든 작업은, 그 수년 동안 무의식에서 터져 나와 나를 덮치던 것들을 다듬고 완성해가는 과정이었다. 그것은 일생의 작업을 위한 재료였다."[8]

C. G. 융의 《레드북》은 2009년 가을 뉴욕에서 처음으로 대중을 위해 전시되었고, 같은 해에 팩시밀리 자료집으로 만들어졌다. 2013년 베니스 비엔날레에서는 마시밀리아노 지오니Massimilano Gioni가 기획한 '백과사전식 궁전'의 본전시에 소개되어 화제가 되기도 했다. 그로부터 5년 후인 2018년 C. G. 융의 소장품이 장크트 갈렌의 라거하우스 박물관에서 처음으로 대중에게 공개되었다. 《레드북》이 C. G. 융에게 "일생의 작업을 위한 재료"였다면, 이 소장품들은 그것의 보완이자 후속편으로 이해할 수 있을 것이다. 1952년의 한 인터뷰에서 C. G. 융은 이렇게 말했다. "나는 나의 꿈과 비전들이 집단 무의식의 심층으로부터 내게로 왔다는 것을 깨달았다. 그 이후 내게 남은 일은 이 발견을 심화하고 확인하는 것이었다." C. G. 융의 소장품은 새로운 발견을 위한 비범한 소재를 제공한다. 《레드북》처럼 이 그림들도 대중에게 새로운 놀라움을 선사할 것이며 그에 견줄 만한 관심과 주목을 기대해도 좋을 것이다.

내면의 세계를 가시화하기

그림 아카이브와 그 역사

비센테 L. 데 무라

유럽에서 지난 세기의 시작은 큰 변화들과 함께 각인되어 있다. 정치, 경제 그리고 문화적인 변화가 사회를 뒤흔들었고, 새로운 시대가 시작되었다는 인상이 어느 곳에나 존재했다. 아인슈타인의 상대성이론이나 뢴트겐 사진 같은 새로운 발견, 학문적 이론과 실험들은 옛 세계의 질서에 의문을 제기하는 새로운 관점들을 불러왔다. 사람들은 과학의 도움을 받아 모든 것을 이룰 수 있다고 믿었다. 그러나 그러한 변화는 불안을 수반하기도 했다. 전통적인 구조들을 지탱하는 근거에 회의가 들게 되고, 사회 내부에서는 긴장이 감지되었다. 한때 확고하던 것들이 더이상 유효하지 않았다.[9]

이 시기에 꿈과 비전, 환상의 실험들도 행해졌다. 문학과 미술, 그리고 심리학의 경계는 뚜렷하지 않았다. 사회를 새롭게 이해하고, 인식하고, 형성하기 위한 시도가 다양하게 이루어졌다.[10] 이 새로운 출발을 알리는 분위기 속에, C. G. 융은 당대 신경정신과 병원 중 가장 아방가르드적인 기관으로 이름 높던 취리히의 부르크횔즐리 병원 정신병동에서 수련의 생활을 시작했다. 훗날 융의 회상에 의하면 당시의 정신의학계는 과학적인 유물론이 지배하고 있었다. 일종의 도그마로서, 정신적 질병을 뇌의 질병이라고 여겼으며, 병인학病因學의 관점에서 볼 때 잠재 가능성이 있는 정신적 측면은 거의 고려되지 않았다.[11]

융은 오이겐 블로일러Eugen Bleuler 교수의 지도하에 실험과 연구에 참여했다. 그는 연상실험을 주도했고 그런 경험을 바탕으로 의식 밖의 한 층위, 바로 무의식이 인간의 행동에 영향을 미칠 수 있다는 증거들을 제공했다. 또한, 콤플렉스 이론을 발표하여 학자로서도 인정을 받았다. 그러나 융은 정신과 병원의 통계과정에 내재한 한계에 실망을 느껴 점점 더 다른 치료방법들에 관심을 기울이게 되었다. 그 과정에서 프로이트 사상을 만난 것은 그에게 매우 중요했다. 융은 프로이트가 심리학을 정신과로 가져온 사람이라고 생각했다. 1906년에 만난 두 사람은 심리분석을 계속 발전시키고 전파하기 시작했다. 그러나 이론에 대한 견해차와 개인적인 갈등으로 인해 두 선구자의 협업은 1913년에 결렬되었다. 이후 융은 혼돈의 시기를 겪으며, 그 무렵까지 자신의 학문적인 연구들이 편파적이었음을 깨달았다. 당대를 장악하던 시대정신의 범위 내에서 그도 합리적인 것, 효용과 가치만을 고려한 것이다.[12]

1913~1914년에 융은 유럽의 파국적인 경험들에 대한 꿈을 꾸었고 이해가 불가능한, 미지의 것들을 예감했다. 처음에 그는 자신이 일종의 정신질환에 가까운 상태라고 생각했다. 그러나 제1차 세계대전이 일어났을 때, 그 꿈과 비전들이 그의 것만이 아니며, 집단적 사건의 예감과 관련이 있다고 결론지었다.[13] 유럽 전체에

어떤 파국이 일어나리라는 그의 예감은 혼자만의 것이 아니었다. 1914년을 눈앞에 두고 전쟁에 대한 묵시론적 예언들이 등장했고, 미술과 문학에서 이 같은 주제를 다룬 작품들이 산재했다.[14]

적극적 상상 개발되다

융은 일련의 실험들을 수행하기 시작했다. 그가 이름을 붙인, 그의 '가장 난해한 실험'[15]은 그의 환상들에 대한 실험들이었고, 그 경험들을 이해하려는 시도였다. 그는 내면의 환상들에 몰두했고, 그것들을 상세히 기록했으며, 상상 속의 드라마와 같은 형식으로 그의 내면의 인물들과 대화를 나눴다. 그 대화들로부터 도출된 자료들을 먼저 문학적인 방식으로 표현했고, 수년에 걸쳐 기록한 글들을 캘리그라피 형식으로 소위 《레드북》에 옮겨 적은 다음, 예술성이 풍부한 그림들로 보충했다. 이와 관련해 중요한 점은 융의 실험을 당대의 다른 실험들과 비교할 수 있다는 것이다. 예를 들면 최면상태에서 떠오르는 내면의 그림들을 연구했던 헤르베르트 질버러Herbert Silberer[16]나, 내면의 형상들의 의인화를 실험했던 루트비히 슈타우덴마이어 Ludwig Staudenmaier[17](융은 그의 저작에서 질버러의 실험을 인용했다) 등의 실험이다. 위에서 언급했듯, 이러한 실험들은 20세기 초에 흔한 일이었다.[18]

내면세계를 다루는 이러한 방식은 융에게 무의식의 그림들로 이루어진 미로 속에서 출구를 찾게 해주었다. 그는 내면세계와의 논쟁, 그리고 그것의 창의적인 표현이 그에게 도움이 된다는 것을 알게 되었다. 훗날 이 과정은 융적인 접근법의 중요한 일부가 되었다. 그는 이것을 '적극적 상상'이라고 불렀다.

융, 그림으로 작업하기 시작하다

1916년부터 융은 인격화된 정신의 콤플렉스, 즉 내면의 인물들과 대화하라고 환자들을 독려한다. 말하자면 환자들이 그들의 꿈과 경험 혹은 적극적 상상을 스케치·회화·자수·조각·무용 등에 창의적으로 표현하도록 동기를 부여한 것이다. 그는 그런 과정을 통해 환자들이 그들의 심리적 경험을 표현하고 내면세계의 갈등과 요소들을 통합할 길-자기로부터 분리되지 않기 위한-을 찾는 모습을 발견했다.

환자들은 융에게 그들의 환상과 꿈을 이야기했고 자신이 그린 그림을 가져왔다. 융은 그 그림들을 분석했고 환자들이 내면의 대화를 이어갈 수 있게 도왔다. 환자들이 그들의 그림을 진료실에 두고 가는 것을 융이 원치 않았기에, 환자들 중 일부는 융이 상세히 연구할 수 있도록 그에게 손으로 복제한 그림을 건네주었다.[19] 그렇게 차츰 그림수집이 시작되었고, 일부 환자들은 융과 함께 작업하는 동안 그림에 짧은 글을 덧붙이기도 했다.

욜란데 야코비,
오늘날 그림 아카이브의 초석을 놓다

이런 과정을 통해 그려진 그림들은 1950년대 후반부터 욜란데 야코비에 의해 체계화되기 시작했다. 쉬운 시도는 아니었다. 수집된 그림들의 가치는 자명했으나 크기와 형태가 제각각이어서 목록을 만들기가 매우 어려웠다. 야코비는 가장 먼저 수집의 목적 또는 그림 선택의 기준을 분명히 할 것을 제안했다.[20] 그리고, 그림들을 모티브와 상징에 따라 구분할 수 있도록 색인카드를 만들었다.

수집된 자료들은 이후 네 그룹으로 나뉘었다. 첫 번째 그룹은 융의 환자들의 그림 약 4500점과 여타 분석가들이 치료한 소규모 그룹 환자들 50사례의 그림을 포함한다. 두 번째 그룹은 야코비의 환자들이 그린 그림들(약 6000점)이다. 세 번째 그룹은 원형의 모티브를 지닌 회화와 조각품들이다. 이 수집품은 오늘날 〈원형의 상징론 연구를 위한 아카이브ARAS-The Archive for

그림 1 작가 미상, 무제, 연도 미상
종이에 수채, 20x14cm
퀴스나흐트, 취리히 C. G. 융 연구소, 그림 아카이브, 006 AFAI

Research in Archetypal Symbolism〉의 일부다. 네 번째 그룹은 일명 '에라노스 수집품'으로 불리는데, 1930년대부터 아스코나의 에라노스 학술대회를 주관한 올가 프뢰베 카프테인의 사진들에 기초한 수집품이 이에 속한다. 연금술, 미술과 고대의 원형 모티브를 담은 흑백사진들이 여기에 들어있다.

말년에 융은 수집품들을 C. G. 융 연구소에 위임했다. 이로써 이 아카이브는 융 유형의 심리학에 관심을 가진 사람들이나 학생들에게 지도와 연구의 훌륭한 자료가 되었다. 야코비 이후에 많은 분석심리상담사들이 그림 아카이브를 체계화하는 것을 거들었다. 연구소의 큐레이터들은 그들의 주된 업무인 지도와 연구 외에도, 그림들의 적절한 보존과 복원에 노력을 기울였다. 그 과정에서 몇몇 사례와 관련된 개인적인 문헌정보들이 다양한 출처를 통해 알려졌다. 융 스스로는 그의 환자들에 관한 체계적인 메모를 남기지 않았다. 이 정보들은 융의 치료작업의 맥락을 보여준다는 점에서 매우 유용하다. 이런 식으로 여러 사례에서 테메노스(신성한 장소), 즉 그림이 그려진 장소가 명확해졌고, 그림들이 가지는 본래의 목적을 가늠해볼 수 있게 되었다.

수집품은 1980년대와 1990년대에 세실리아 로스트의 도움을 받아 미셸 에드워즈에 의해 다시 체계화되었다. 그들은 융의 사례들을 찾아보기 쉽도록 날짜(적혀 있는 경우)에 따라 분류했고, 모든 그림에 ID 번호와 표제어/개념을 부여했다. 그 외에도 에드워즈는 그림에 대한 정보들을 전산화하고 그림들을 슬라이드 필름으로 변환하기 시작했다. 자료를 보존하고 역사적 배경을 조명하자는 목적이었다. 그림 아카이브의 최근 단계는 취급과 접근을 쉽게 하는 디지털화 작업이었다.

그림 아카이브는 무의식과 관련된 수많은 논쟁의 역사를 보여준다. 융의 환자들이 그린 그림들과 그들의 그림에 대한 텍스트를 보여주는 가장 광범위하고 의미 있는 수집품이기도 하다. 이 그림들에 관한 연구는 융 스스로 이 그림들을 어떻게 바라봤는지를 암시한다. 그림들은 또한 우리에게 분석심리학적 상담 치료의 전개와 이 과정에서의 상징들을 일별할 수 있게 해준다. 상담 과정에서 발생한 환자들의 경험을 보여주는 그림과 자료들도 있다. 그중 한 예로 내 관점에서 매우 시사하는 바가 큰 그림 한 편을 소개하고자 한다.

그림을 이용한 치료작업의 예

1930년대에 융은 동아시아에서 태어난 한 네덜란드 여성을 치료했다. 그녀의 사례는 1957년에 르네 J. 반 헬스딩겐Ren J. van Helsdingen이《무의식으로부터의 이미지Beelden uit het onbewuste》(1957)에서 소개했다. 융에게 치료를 받으러 갔을 때, 그녀는 불안장애를 겪고 있었고 그림을 그리며 안도감을 얻었다. 언급한 책의 머리말에서 융은 이렇게 썼다.

"그림들은 구체적인 의미를 내포한, 예술적으로 형상화된 대단히 의미심장한 그림들이다. 그림들은 혐오를 일으키는 악마적인 내용을 관조자에게 전달하고 환상 속 지옥의 공포를 납득시킨다. (…)그림들은 신경증의 내용이 의식화되는 치료 기간을 보여줄 뿐 아니라, 그 자체로 치료의 수단이었다. 그림은 모호하게 떠다니는 반 무의식 혹은 무의식적 상상들의 공통점을 찾아 어느 정도 그것들을 일치시키고 이로써 고정시킨다. (…) 이 방법의 치료적인 효과는 의식이 무의식과 함께 작업하도록 하여, 무의식을 의식에 통합시키는 데 있다. 이를 통해 정신분열증은 서서히 치유된다."[21]

이 인용문에서 융은 그림을 이용한 그의 치료적 이해의 기초를 얘기하고 있다. 환자는 이 그림을 통해 융에게 자신을 둘러싸고 있는 것들(그림 2), 자신의 인격의 미숙한 부분을 보여주었다고 설명했다. 그녀는 그림이 자신의 내면의 부조화를 드러낸 것에 충격을 받았다. 그림은 치료의 다른 요소들도 보여준다. 예를 들면 환자가 분석 중에 전이의 관점과 같은 융의 개입을 경험했을 수도 있다는 것이다. 여기서 "했을 수도 있다"에 유의할 필요가 있다. 모든 해석은 가설이기 때문이다.

그림 2 작가 미상, 무제, 연도 미상
종이에 목탄, 58.5x53.5cm
퀴스나흐트, 취리히 C. G. 융 연구소, 그림 아카이브, 034 BHAW

그림의 중심에 환자가 서 있다. 그녀는 내면의 인물, 말하자면 그녀의 콤플렉스를 바라본다. 융은 환자의 뒤에서 그녀를 단단히 붙들고 있다. 그의 자세는 지지의 의미로 볼 수 있으나 논쟁의 지시로도 해석될 수 있다. 자기 자신과의 대결은 분석 작업의 중심 과제이며, 환자의 얼굴 표정에서 읽을 수 있듯, 대개 어느 정도의 자기비애를 동반한다. 환자를 붙들고 있는 융의 자세는 이런 것처럼 보인다. 봐라! 이것이, 당신이다!

그림에서 융은 빛의 원천이다. 이 여성환자의 전이요소에 대한 암시, 융에 대한 초인적 형상의 투사, 빛을 어둠으로 이끄는 일종의 '마나-인격'이다. 상담사에 대한 원형 형상의 투사는 분석과정에서 자주 발생할 수 있는 요소다. 이 그림은 여성환자의 이와 같은 경험을 여실히 보여준다. 융이 이 여성에게 '마술사'적 요소를, 다시 말해 장난스럽고, 영리한 요소를 지니고 있었다는 암시다. 융의 이마 위의 '여우'가 이런 요소다. 반 헬스딩겐은 환자가 어떤 과정을 거쳐 스스로의 미숙함과 대면하게 되었는지, 내면의 삶을 소홀히 했다는 것과 인격의 여러 부분이 제대로 성숙하지 못했음을 어떻게 인식하게 되었는지 서술하고 있다. 다양한 콤플렉스들은 다음과 같은 모습들로 형상화된다. 머리가 둘 달린 독수리에게 눈을 쪼이는 마녀의 시체, 돼지에게 강간당하는 창녀, 미라-엄마(환자가 이 형상을 이렇게 불렀다), 복종하는 남자 하인과 죽은 호랑이. 이 상징들의 묘사와 해석은 이 글의 범위를 벗어날 것이다. 그러나 분명한 것은 이것들이 우리에게 환자의 내면을 들여다볼 수 있는 특별한 시각을 부여한다는 점이다. 치료적 관계 안에서 이런 그림들과 그에 관한 대화가 가지는 치유 효과가 그녀의 경우에도 명백히 드러나고, 융의 치료법이 어떤 식으로 작용하는지를 입증해준다. 융은 그의 저작들에서 정신·내면의 세계가 실재하며 그 실재가 그림에서 가시화된다고 기록했다. 이것은 그 그림을 진지하게 대하고, 그것을 근거로 논쟁하며, 그림이 말하는 바를 마음에 담는 것이 얼마나 중요한지를 보여준다.

우리는 융의 그림 아카이브에서 더 많은 것들을 열람할 수 있다. 초기의 스케치들은 융이 아직 상상의 자기 실험을 하던 1917년에 제작되었다. 40여 년이 넘는 기간 동안 다른 많은 그림들이 그 뒤를 이었다. 이 아카이브의 주요 목표는 그림해석과 원형의 상징학 연구를 지원하는 것이다.

실험으로 시작한 것이 우리의 내면과 만날 수 있게 돕는 치료방법으로 발전했다. 이렇게 본다면 그림 아카이브는 C. G. 융, 그의 환상과의 논쟁이 빚어낸 결과이며, 창의적인 형태와 방식으로 내면세계를 볼 수 있게 해준다. 융은 그림들이 정신의 갈등을 치유할 효과적인 치료방법임을 증명한다. 우리는 그의 그림 아카이브에서 배우고, 연구하고, 영감을 받고, 분석심리학의 역사를 경험할 수 있다.

내면의 그림을 찾아서

도록

그림 3 작가 미상, 무제, 1917
종이에 과슈, 21x18cm
퀴스나흐트, 취리히 C. G. 융 연구소
그림 아카이브, 009 AIAA

그림 4 작가 미상, 무제, 1917
종이에 과슈, 21x18cm
퀴스나흐트, 취리히 C. G. 융 연구소
그림 아카이브, 009 AIAB

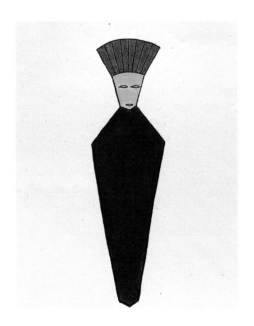

그림 5 작가 미상, 무제, 1917
종이에 과슈, 21x18cm
퀴스나흐트, 취리히 C. G. 융 연구소
그림 아카이브, 009 AIAD

그림 6 작가 미상, 무제, 1917
종이에 과슈, 21x18cm
퀴스나흐트, 취리히 C. G. 융 연구소
그림 아카이브, 009 AIAF

그림 7 작가 미상, 무제, 1917
종이에 과슈, 21x18cm
퀴스나흐트, 취리히 C. G. 융 연구소
그림 아카이브, 009 AIAG

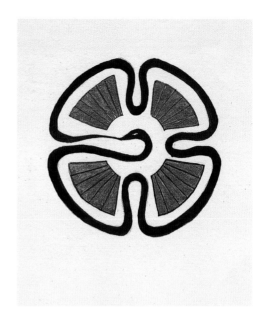

그림 8 작가 미상, 무제, 1917
종이에 과슈, 21x18cm
퀴스나흐트, 취리히 C. G. 융 연구소
그림 아카이브, 009 AIAI

그림 9 작가 미상, 무제, 1917
종이에 과슈, 21x18cm
퀴스나흐트, 취리히 C. G. 융 연구소
그림 아카이브, 009 AIAJ

그림 10 작가 미상, 무제, 1917
종이에 과슈, 21x18cm
퀴스나흐트, 취리히 C. G. 융 연구소
그림 아카이브, 009 AIAK

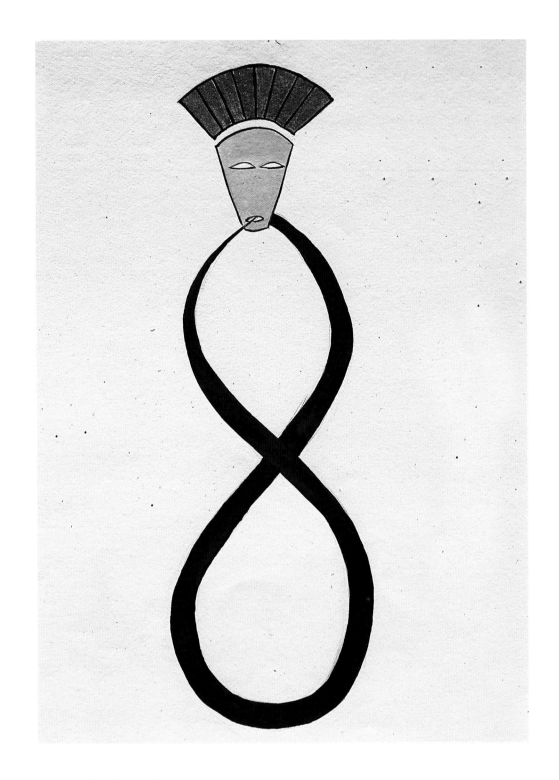

그림 11 작가 미상, 무제, 1917
종이에 과슈, 21x18cm
퀴스나흐트, 취리히 C. G. 융 연구소, 그림 아카이브, 009 AIAL

43쪽 도리스 리어의 글에서 그림 26, 27. 28, 29 참고.

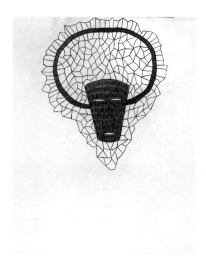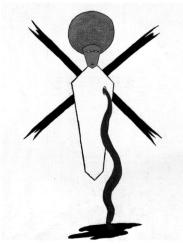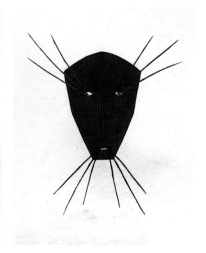

39, 45, 49쪽 도리스 리어의 글에서 그림 24, 30, 33 참고.

42, 47, 48, 50쪽 도리스 리어의 글에서 그림 25, 31, 32, 34 참고.

그림 12 작가 미상, 무제, 1917
종이에 과슈, 44x30,5cm
퀴스나흐트, 취리히 C. G. 융 연구소, 그림 아카이브, 009 AIAR

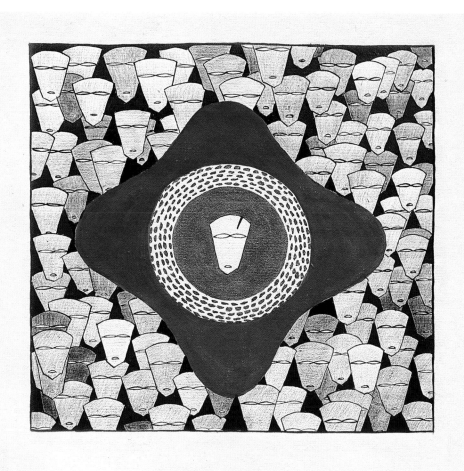

그림 13 작가 미상, 무제, 1917
종이에 과슈, 44x30,5cm
퀴스나흐트, 취리히 C. G. 융 연구소, 그림 아카이브, 009 AIAU

그림 14 작가 미상, 무제, 1918
종이에 과슈, 44x30,5 cm
퀴스나흐트, 취리히 C. G. 융 연구소, 그림 아카이브, 009 AIAV

그림 15 작가 미상, 무제, 1919
종이에 과슈, 44x30,5cm
퀴스나흐트, 취리히 C. G. 융 연구소, 그림 아카이브, 009 AIBD

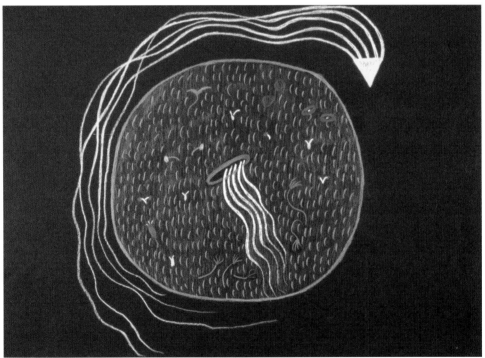

그림 16 위: 작가 미상, 〈기적〉, 연도 미상
검은 종이에 색연필, 31,5x46,5cm
퀴스나흐트, 취리히 C. G. 융 연구소, 그림 아카이브, 042 BPAM

그림 17 아래: 작가 미상, 〈신을 향한 그리움〉, 연도 미상
검은 종이에 색연필, 31,5x46,5cm
퀴스나흐트, 취리히 C. G. 융 연구소, 그림 아카이브, 042 BPBA

그림 18 작가 미상, 〈초상〉, 연도 미상
검은 종이에 색연필, 46,5x31,5cm
퀴스나흐트, 취리히 C. G. 융 연구소, 그림 아카이브, 042 BPAO

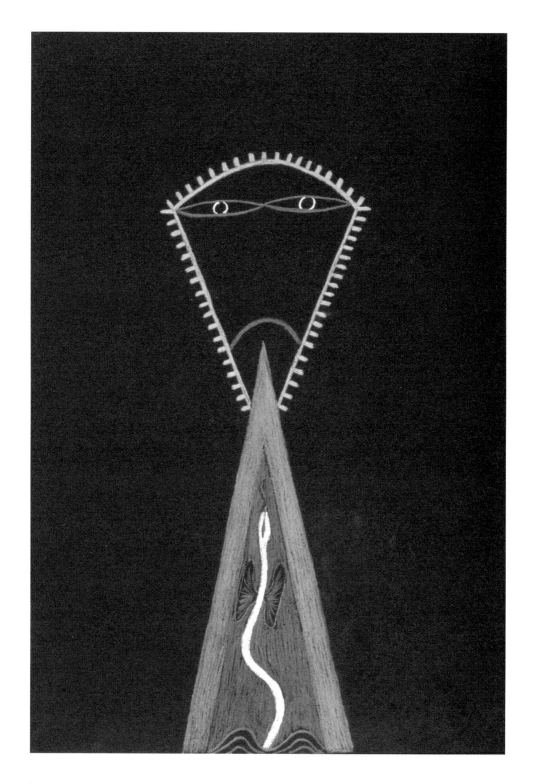

그림 19 작가 미상, 〈신을 향한 그리움〉, 연도 미상
검은 종이에 색연필, 46.5x31.5cm
퀴스나흐트, 취리히 C. G. 융 연구소, 그림 아카이브, 042 BPAU

그림 20 작가 미상, 〈소생蘇生〉, 연도 미상
검은 종이에 색연필, 46,5x31,5cm
퀴스나흐트, 취리히 C. G. 융 연구소, 그림 아카이브, 042 BPBB

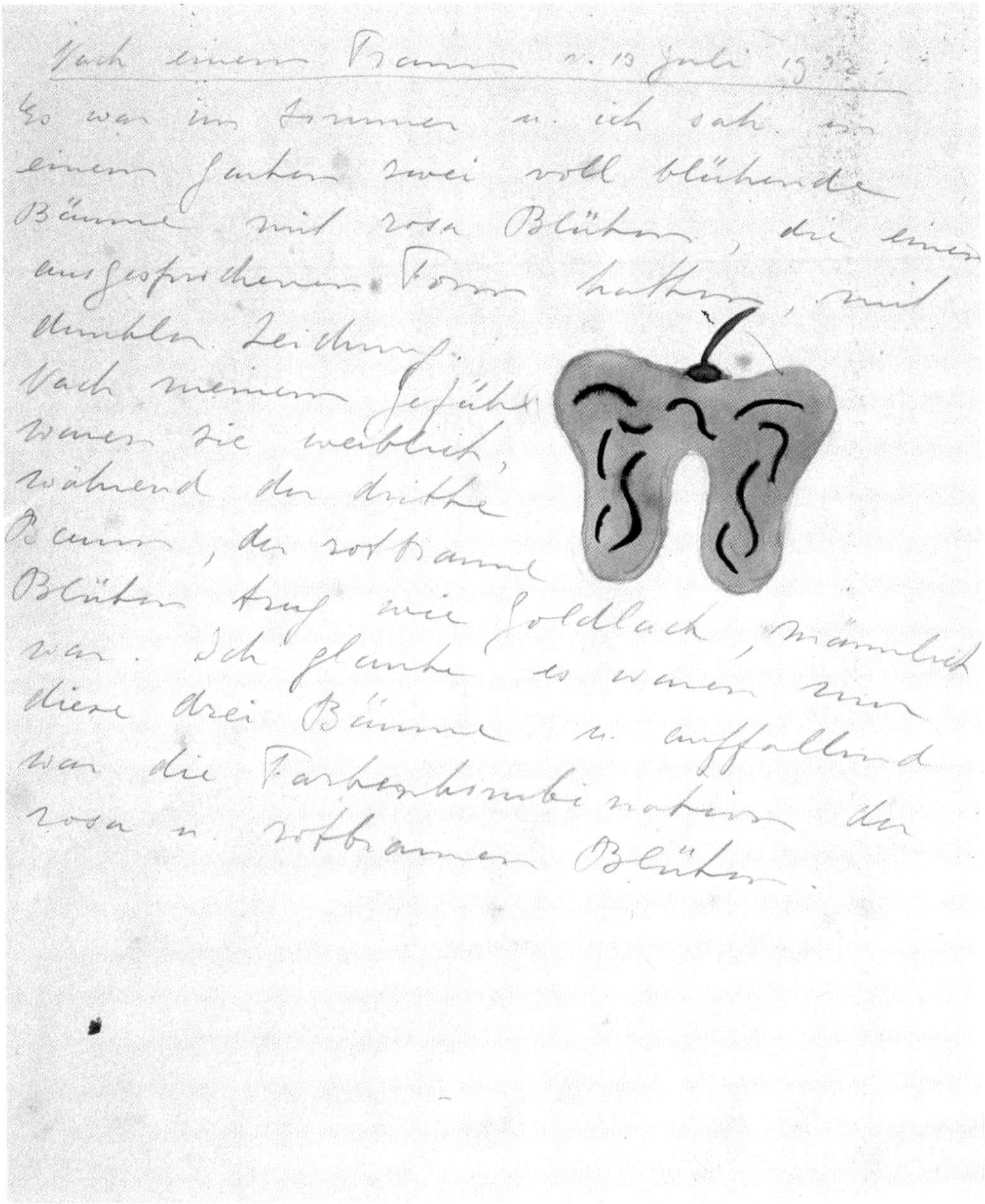
Nach einem Traum v. 13 Juli 1932.
Es war im Sommer u. ich sah in einem Garten zwei voll blühende Bäume mit rosa Blüten, die einen ausgesprochenen Form hatten, mit dunkler Zeichnung.
Nach meinem Gefühl waren sie weiblich, während der dritte Baum, der rotbraune Blüten trug wie Goldlack, männlich war. Ich glaube es waren nur diese drei Bäume u. auffallend war die Farbenkombination der rosa u. rotbraunen Blüten.

그림 21 작가 미상, 〈꿈을 꾸고 나서〉, 1932. 7. 13
종이에 과슈, 잉크, 25x20cm
퀴스나흐트, 취리히 C. G. 융 연구소, 그림 아카이브, 020 ATAK

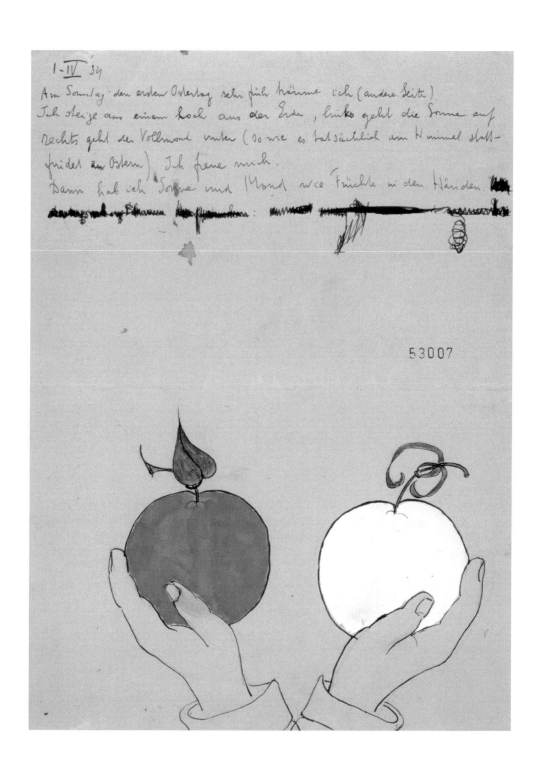

그림 22 작가 미상, 무제, 1934. 4. 1
종이에 과슈, 잉크, 21x14cm
퀴스나흐트, 취리히 C. G. 융 연구소, 그림 아카이브, 053 CAAD

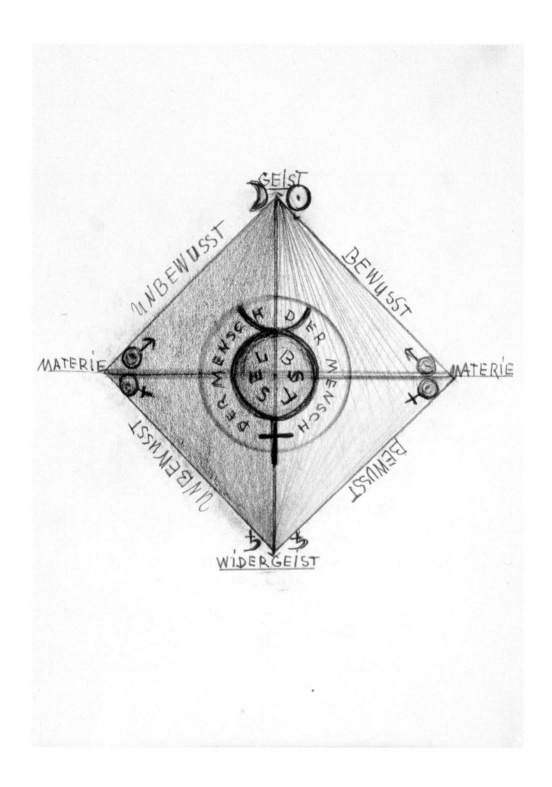

그림 23 작가 미상, 〈평소와 다름없는 어느 날〉, 1938. 11. 20
종이에 과슈, 26,5x14,5cm
퀴스나흐트, 취리히 C. G. 융 연구소, 그림 아카이브, 077 CYCB

무의미로부터 근원의 의미로

그림 아카이브에 나타난 다다의 반향反響

도리스 리어

그림들

C. G. 융 연구소의 그림 아카이브에는 일부만 공개된 그림 연작이 있다. 그 그림들은 1917~1919년, 그리고 다시 1928~1929년에 한 여성이 그린 것이다.[22] 이들은 아카이브가 소장한 가장 초기의 수집품에 속한다. 크기가 서로 다른 총 32점의 그림을 그린 여성환자는 C. G. 융으로부터 정신분석을 받는 피분석자로 표시되어 있다.

15점의 그림은 〈그녀를/빛으로/이끌어 낸/그에게/선물하는/1917년 5월 22일의 그림들〉이라는 별도의 표지로 시작된다. 그림들의 오른쪽 구석에는 로마숫자로 I-XV가 표기되어 있다.[23]

5월 22일의 그림들 외에도, 오른쪽에 로마숫자 없이 '1917'이라는 연도만 표시된 3점의 그림이 더 있다. 1917년의 그림 중에 숫자 VIII이 적힌 그림도 있다. '1917 혹은 18'이라고 적힌 그림은 아마도 정확히 분류할 수 없었던 듯하고, 그래서 이 그림의 연도 표기는 이후에 이뤄진 것으로 보인다.

이어지는 7점의 그림들 중 네 작품은 오른쪽 아래에 'IX 1918', 'II 1919', 'III 1919', 'IV 1919'라고 표기되어 있으며, 나머지 세 작품은 동일하게 'V 1919'로 표기되어 있다.[24] 그러니까 5월 22일의 그림들은 통일성

을 보인 반면, 이어지는 그림들의 연월일과 순서에는 의문이 남아있으며, 몇몇 그림이 빠져 있는 듯도 하다. 이 그림을 그린 여성환자는 9년 후에 'IV 1928'로 시작하는 새로운 연작을 시작한 듯하다. 그러나 여기서는 4점의 그림만이 완성되었거나 어쩌면 그중 4점만이 보존된 것일 수도 있다. 세 번째 그림에는 '1928. 11. 4'라는 정확한 날짜가, 마지막 그림에는 1929라는 연도가 적혀 있다. 번호와 연도들을 적어 넣은 사람은 그림을 그린 여성환자 본인인 듯하다.[25]

아카이브의 현황은 이렇다. 그렇다면 그림에서 우리가 볼 수 있는 것은 무엇인가?

그림의 모티브들과 양식에 대하여

15점의 그림이 포함된 1917년 5월 22일의 부분 연작은 형식과 내용에 따라 네 시퀀스로 나뉜다. 첫 시퀀스에 해당하는 4점의 그림은 각각 경직된 자세로 서 있는, 다리와 발이 없는 주물적呪物的 형상을 보여 준다.[26] 두 번째 시퀀스에서는 만다라로 표현된 4점의 그림들이 들어있는데 안과 밖의 중심에 한 마리 뱀이 들어있다.[27] 3점의 그림으로 이뤄진 다음 시퀀스에서는 뱀이 그림을 완전히 장악하고 있다. 마치 이제 만다라에서

1917년 5월 22일의 연작

1917~1919년의 연작

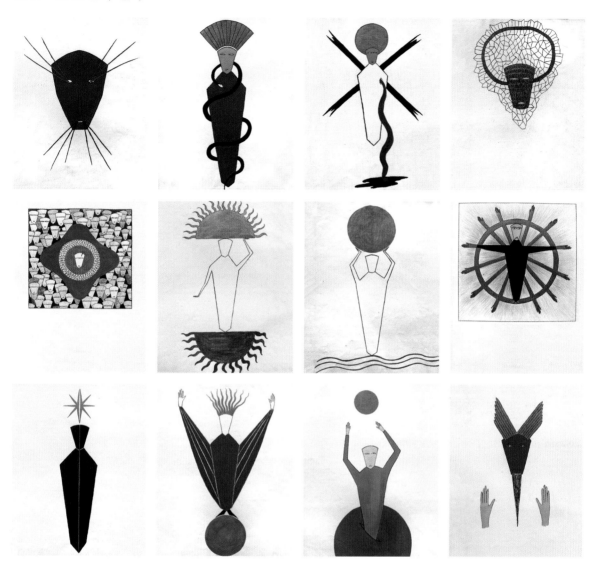

1928~1929년의 후기 연작

벗어나 자유로이 움직이려는 듯하다. 4점의 그림으로 구성된 마지막 시퀀스는 나무 비슷한 이미지로, 마지막 그림에서 일곱 개의 팔 모양이 달린 식물로 변하는 모습을 보여준다.

이것은 생명수生命樹와도 같이 우선 뱀으로부터 자라나, 아니 태어나, 물 위를 떠다니는 구球 위에 서 있다. 다음 그림에서 나무는 물뱀에게 위협당하는 듯 보이다가 마지막에는 더 강해져 물뱀을 제압한다. 모든 그림들은 높은 수준으로 양식화되었고, 형식과 색채의 생동감은 갈수록 높아진다. 15점 중 7점의 그림에 '가면-머리'가 등장한다. 처음에는 네 형상의 머리로서, 다음에는 뱀의 머리로서. 가면은 항상 아래쪽이 좁아지는 원뿔형이다. 모든 그림에 눈과 입만 있고, 코가 없다. 그중 네 번은 특별한 위엄을 더해주는, 부채꼴의 머리 장식을 쓰고 있다.

1917~1919년의 12점의 그림에서 주물적 형상과 가면의 모티프가 다시 사용되었다. 가면은 이따금 다시 머리장식을 쓰고 있으며, 이번에는 형태가 다양하다. 형상들은 네 번은 몸 없이 나타나고, 두 번은 허공에 떠있으며, 한 번은 벌집 비슷한 배경에 매여 있다. 그리고 한번은 여러 개의 작은 가면들이 가득한 사각형 화면의 중심에 있다. 얼굴이 항상 그려져 있지는 않다. 형상은 머리로서 줄곧 가면을 쓰고 있다. 텅 빈 장소에 서 있는 5월 연작과는 달리, 이제 그것은 그림의 배경에 연결되어 있고, 1918/1919년의 그림에서 팔과 손을 그리고 한번은 작은 발을 갖추고 있다. 형상은 뱀에 몸이 칭칭 묶여 나무조각에 찔리고, 반구半球 형태의 해 사이에 위치하거나 수레바퀴 위에 손끝을 뻗고 있고, 푸른색으로 물든 구球 위에 서 있거나 갈색의 구球 안에서 솟아난다.

1928/1929년의 후기 시리즈는 4점의 그림만으로 이루어졌는데, 가면은 물론 작은 형상도 다시 한번 차용된다. 그러나 이번에는 밝은 회색이 주를 이룸으로써 그림들이 눈에 띄게 창백하게 느껴진다. 마지막 형상이 그중 특히 눈길을 끈다. 그것은 큐비즘적인 요소들로 채워진, 추상화된 몸일 뿐이다. 더이상 가면도 쓰고

있지 않다. 대신 두 개의 검은 발이 눈에 띈다. 마치 그 장면을 떠날 수 있느냐고 묻는 것 같다. 발은 형상이 푸른 구형 위에 서 있는 1919년 그림에서도 나타난 적이 있다.

그림 전체에서 눈을 끄는 것은 지속적인 추상화와 전형적인 융 스타일의 상징인 원, 구, 바퀴, 뱀, 해와 물이다. 자연스레 융이 직접 그린 비슷한 모티프들이 담긴 《레드북》을 떠올리게 된다.[28] 또 눈에 띄는 것은 고풍스럽게 만들어진 가면이 자주 등장한다는 것이다. 가면은 총 32점의 그림에서 스물두 번 나타나, 피분석자에게 큰 의미가 있는 것으로 보인다(그림 24).

《레드북》에서는 가면을 자주 볼 수 없다. 볼 수 있다 해도 전혀 다른 모습이다.[29] 그림을 그린 여성의 가면들은 다다와 고대문명에서 영감을 받았을 가능성이 크다. 1916년 취리히에서 시작된 다다운동은 연작 대부분의 그림이 제작된 1917~1919년에 화제의 중심이었고, 분석심리학의 생성 시기와 겹친다. 다다의 목표와 분석심리학의 관계는 이어지는 글에서 간단히 소개하고자 한다.

그림 24 작가 미상, 무제, 1917
종이에 과슈, 44x30.5cm
퀴스나흐트, 취리히 C. G. 융 연구소, 그림 아카이브, 009 AIAT

가치의 파괴로서의 다다

취리히 슈피겔가세에 있는 카바레 볼테르Cabaret Voltaire의 개업을 기념하는 자리에서, 다다의 창시자 중 한 사람인 리하르트 휠젠베크는 다다가 원하는 것이 무엇인지를 이렇게 설명했다. "우리는 무無로써 세상을 바꾸고자 한다. 우리는 시와 그림을 무無로써 바꿀 것이며 무無로써 전쟁을 끝낼 것이다." 다다-연감의 발행인인 H. M. 꼼빠뇽은 그 목표를 위해 "성인 남녀들이 머리에 으스스한 종이롤을 뒤집어쓰고, 원시적인 소리를 지르며, 기계처럼 손발을 덜덜거렸고 확신에 찬 어조로 무의미를 선언했다"[30]고 덧붙였다.

다다의 구성원들은 광적인 무의미의 예술작품들을 만들어 카바레 볼테르에서 선보일 것을 결정했다. 그러나 앞서 언급했듯, '전혀 무의미'하거나 '예술지상주의'는 아니다. 의미를 추구하는 예술에 대한 그들의 반발은 몹시 진지했다. 그들은 평화롭고 예술적인 방법으로 전쟁을 반대하는 전쟁을 원했다. 우리는 끔찍한 1차 세계대전 중에 있었고, 많은 예술가들과 지식인들이 몰려들던 취리히에서는 망명자들의 예술이 만들어져야 했다. 그것은 가치에 대한 분노로서의 예술이었다. 다다이스트들은 가치가 전쟁을 유발했고, 모든 전쟁의 이면에 가치가 버티고 있다고 확신했다.

카바레 볼테르의 주요 창립 멤버는 독일 출신의 후고 발Hugo Ball과 에미 헤닝스Emmy Hennings였다. 그들의 가장 유명한 동료와 전우 들은 루마니아에서 온 트리스탄 차라Tristan Zara와 마르셀 얀코Marcel Janco, 독일에서 온 리하르트 휠젠베크Richard Huelsenbeck, 알자스에서 온 한스 아르프Hans Arp, 그리고 시간이 약간 흐른 후 합류한 스위스 여인 조피 토이버Sophie Taeuber였다.

그림과 글, 다양한 재료들, 양식과 형태를 동원하여 요란한 '무'의 실험이 행해졌다. 트리스탄 차라는 다다이스트적인 시를 위한 시작법을 작성했다. 신문기사에서 오려낸 단어들을 봉투에 넣고 흔들어 봉투에서 나오는 순서대로 배열하면 된다는 것이다. 이런 혹은 이와 비슷한 방식으로 콜라주 그림, 음성시와 동시同詩가 생겨났다.

융과 다다-어울리지 않는 결혼?

지금까지 언급한 것으로 명백해진 것은 융과 다다는 서로 어울리지 않는다는 점이다. 다다는 무의미를, 체계적인 의미의 거부를 대변한다. 융은 원형의 그림들을 찾고 그것을 동원해 도출하는 영혼의 상태에 의미를 부여하고자 한다. 그것들이 혼란스러워 보일지라도 말이다.[31] 다다운동은 예술적으로 구성된 가치의 파괴를 통해 1차 세계대전의 고통을 희석하고자 했다. 융은 영혼의 그림을 구성하는 '선험적a priori'인 상상의 형태 속에서 근원적인 가치를 찾는다.[32] 융은 다다 운동으로부터 어떤 이점도 취할 수 없었다.[33] 그러나 많은 다다이스트들은 초기에 연관성을 보이며, 융(프로이트와 마찬가지로)에게서 그들의 새로운 예술을 위한 영감의 원천을 발견했다.[34] 이건 놀랄 일이 아니다. 왜냐하면, 무의식이 아니라면 어디에, 가치관을 넌센스로 이끌 수 있는 그러한 상상력이 숨어 있겠나? 그리고, '자유연상'이 아니라면 어떻게 무의식으로부터 비이성적이고 비상식적인 것들을 끌어낼 수 있다는 말인가?

다다와 융의 관계는 일방통행로였던 것처럼 보인다. 다다이스트들은 그들의 기이한 생각들을 동반한 가치 부정을 무의식에서 다시 풍요롭게 만들기 위해 융과 프로이트를 도구로 사용한 것 같다.

그럼에도 다다와 융의 영혼의 근접성은 보기보다는 더 가깝다. 시간적으로도 이미 동시성이 있다. 1916년 2월에 취리히의 옛 도심에서 다다가 결성되었을 때, 거기서 얼마 떨어지지 않은 게마인데슈트라세에서는 그보다 조금 앞서 '심리학 클럽(P. Club)'이 결성되었다. 이것은 우연일 뿐 아무 의미가 없는 것일 수도 있으나, "취리히의 다다와 심리학 클럽이 자주 관객을 나눠 가졌다"는 명백한 자료들이 있다.[35] 융 스타일의 분석가들은 다다이스트들과 친분을 나눴고, 심리학 클럽의 사서인 에리카 슐레겔은 그녀의 동생인 조피 토이버와 함께 심지어 카바레 볼테르의 무대에 오르기까지 했다. 융 스스로 "만다라를 그리지 않고, 만다라와 춤췄던" 환자들에 대해 보고한 바도 있다.[36]

근원을 향한 그리움으로서의 다다

다다는 자세히 살펴보면 단순한 반항이 아니다. 카바레 볼테르의 소란스러운 공연들 속에서 그들은 무엇보다 유럽의 가치들을 표적으로 삼았다. 아프리카, 오스트레일리아, 오세아니아와 라틴 아메리카에서 가져온 북과 가면 춤은 부르주아의 냄새를 풍기는 모든 것들을 허물어야 했다. 그들은 고대문화의 원시성에 많은 기대를 걸었다.[37] '원시로의 회귀'에는 태고의 가치를 새로이 살리고 새로운 양식의 언어로 발전시킨다는 생각이 깔려 있었다. 널리 알려진 대로 카바레 볼테르에서 후고 발은 큐비즘적인 주교의 의상을 입고, 무대 위에서 최면 상태로 실려 나갈 때까지, 운율에 맞춰 오랫동안 자작시 〈카라바네〉를 낭독했다.[38] 그 안에 들어있던 장난기는 표면적인 것에 가까웠다. 어쩌면 처음에는 회귀의 유토피아로서 숨겨져 있었을지도 모르겠다.

신비적 다다이즘을 대표하는 조피 토이버와 한스 아르프

조피 토이버와 한스 아르프는 취리히 다다에서 중요한 역할을 수행했다. 그들은 적어도 1916년부터 카바레 볼테르를 통해 서로를 알고 있었고 초기부터 예술적으로 매우 긴밀히 교류했다.[39] 1889년에 태어난 화가이자 조각가·섬유디자이너·건축가·무용가인 조피는 원시적이고 기하학적인 요소들을 선호했고, 이를 한스 아르프에게 전수해 그와 함께 발전시켰다. 1918년에 그들의 유명한 첫 번째 '쿱 다다'가 완성되었다. 그것은 다른 요소들 외에도 가면이 큰 역할을 하는, 호피 인디

언으로부터 영향을 받은 작품이었다.[40]
한스 아르프는 1908년 이후 새로운 표현양식을 고민하고 있었다. 1908년에 그는 "그곳에서 천사와 씨름하는 야곱처럼 추상적인 예술과 씨름하고 동시에 그가 배워온 것들을 떨쳐 내기 위해" 고독에 묻혀 있었다고 쓴다.[41] 창작품들에 그는 '만다라', '움직이는 타원', 혹은 '배꼽'[42]이라는 제목을 붙였다. 1916년에 후고 발은 "유럽 문명에 의해 아직 손이 닿지 않은" 형식적인 단순성과 명료함에 대해, "원과 입방체에 대한 아르프의 사랑"을 언급했다.[43] 3년 후 아르프와 토이버는 아로사의 요양원에서 C. G. 융의 저작을 읽었다.[44]

그림 연작: 총체적 분석으로의 접근

〈그녀를/빛으로/이끌어낸/그에게/선물하는〉 처음 15점의 그림에서 지칭하는 그는 누구인가?《레드북》에서도 보이는 그림의 상징은 수신인으로 C. G. 융을 추측하게 한다. 그는 이 시기에 집단무의식과 함께 자기 실험의 기초를 마련하기 시작했고, 그의 환자들에게 "그를 따라 하도록" 격려했다. 그들에게 "그들이 쏟아지는 내면의 그림들 안에서 실험하는 동안, 도와주겠다고"[45] 제안한 것도 그였다. 피분석자가 융의 초대를 감사히 받아들여 그와 함께 심적으로 결속했으리라고 추측할 수 있다. 그녀는 자신의 그림을 빛으로 끌어낸 그의 바람을 자기 것으로 만드는 시도를 했다고 말할 수 있겠다. 어쩌면 이 결속 때문에 놀랍게도 세 번이나, 가면이 그림 25에서처럼 수염을 단 모습으로 나타났을 수도 있다.

그림 25　작가 미상, 무제, 1928
종이에 과슈, 44x30,5cm
퀴스나흐트, 취리히 C. G. 융 연구소
그림 아카이브 009 AIBF

그림을 해석할 때는 융에 대한 환자의 높은 의존도를 고려해야 한다. 그림들은 단순히 혹은 적어도 단지 집단무의식에서 저절로 떠오른 것이 아니다. 오히려 그것들은 밀도 높은 전이의 과정, 그리고 융이 제시한 치료 방법의 차용에 가까울 것이다. 5월 22일에 완성된 마지막 4점의 그림들은 전형적인 개성화 상징을 드러낸다. 연약한 식물이 태어나, 처음에는 물로부터 위협을 당하다가 물뱀을 물리칠 만큼 강해진다(그림 26~29). 15점

그림 26 작가 미상, 무제, 1917
종이에 과슈, 21x18cm
퀴스나흐트, 취리히 C. G. 융 연구소
그림 아카이브 009 AIAM

그림 27 작가 미상, 무제, 1917
종이에 과슈, 21x18cm
퀴스나흐트, 취리히 C. G. 융 연구소
그림 아카이브 009 AIAN

그림 28 작가 미상, 무제, 1917
종이에 과슈, 21x18cm
퀴스나흐트, 취리히 C. G. 융 연구소
그림 아카이브 009 AIAO

그림 29 작가 미상, 무제, 1917
종이에 과슈, 21x18cm
퀴스나흐트, 취리히 C. G. 융 연구소
그림 아카이브 009 AIAP

의 그림이 모두 하루에 완성되었기에, 환자가 해당 개성화 과정을 몇 시간 안에 스스로 수행했다고는 볼 수 없다. 해당 과정은 아마 그보다 앞선 시기에 일어났을 것이며, 어쩌면 그림의 모티프도 광범위하게 차용되었을 것이다. 그것은 프로이트와 결별한 후 융에게도 점점 중요해진 개성화 과정의 모범이 된 연금술적 상상을 생생하게 떠올린다.[46]

이상으로 처음 15점의 그림 안에 나타난 환자의 융에 대한 의존성을 살펴보았다. 고대적인 형상, 특히 다른 여러 그림들에서 나타나는 가면 형태의 머리는 다다의 모방으로 이해할 수 있다. 유럽 외적인 원시 조각품들은 단순한 무無가 아닌, 근원적인 형태와 가치를 지니며 그로서 새로운 시작을 모색한다. 그림에서 형식의 절제를 통해 최소를 추구하는 방식 역시 다다로부터 왔다. 특히 조피 토이버와 한스 아르프로부터 영감을 받은 것이다. 시원始原을 향한 그리움이 다다와 융 그리고 그림을 그린 여성을 이어주는 연결고리이다.[47]

내게는 그림들이 단순한 집단무의식의 발현이라기보다는 무엇보다 전이의 산물로 보인다. 확실한 것은, 배경에 개인적인 고통이 있다는 것이다. 이 점은 1917~1919년에 그려진 그림들에서도 간과할 수 없다. 특유의 양식에서 벗어나지 않는 형상은 고통과 희망, 삶을 위협하는 부상과 부활로 형상화된다. 환자는 아마도 극단적인 상황 사이에서, 근원적인 것을 뒤흔드는 의문과 부활의 느낌 사이를 찢기듯 오갔을 것이다. 1919년 즈음에는 희망이 강해진 듯 보이지만(그림 30/31).[48]

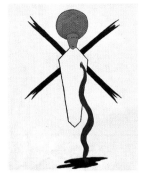 

그림 30 그림 31

몇몇 그림들은 안티 테제를 품고 있다. 그 말은 긍정적이거나 부정적인 의미를 동시에 가질 수 있다는 것이다. 이와 관련해 특히 인상적인 것은 손에서 형상이 끝나는, 몸을 수레바퀴의 살 모양으로 뻗고 있는 모습이다(그림 32).

그림 32

첫눈에는 십자가에 매달린 것처럼 보이지만, 더 큰 전체에서 보면 자신을 펼친 상태로 이해할 수 있다. 얼굴의 표정은 여하튼 고통에 가까워 보인다.

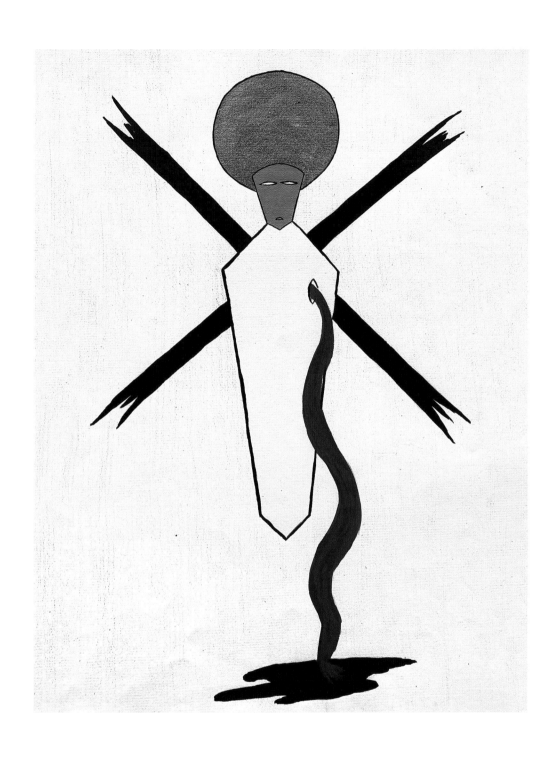

그림 30 작가 미상, 무제, 1917
종이에 과슈, 44x30,5cm
퀴스나흐트, 취리히 C. G. 융 연구소, 그림 아카이브 009 AIAS

비슷하게 양가적인 의미를 지닌 것은 1917년에 그려진 그림이다. 가면의 눈과 입에서 혹은 그 안으로 빛이나 화살들이 드나든다(그림 33). 이 그림도 첫눈에는 전율을 느끼게 하지만, 선들을 빛으로 이해한다면, 대체로 희망적인 것으로 볼 수도 있다.[49]

의심할 바 없이 내게는, 피분석자가 1917~1919년에 심각한 정신적 위기 속에 있었던 것으로 보인다. 아마도 그녀는 자기정체성의 위기를 겪고 있었고 스스로 융, 그리고 다다(어쩌면 조피 토이버와 한스 아르프와 같은 다다운동의 개별 예술가들에 한해)와 밀접한 관계를 유지하려 애썼으며, 단순하고 명료한 것에 집중함으로써 치료의 효과를 경험했을 것이다. 분석가인 융은 물론 다다 예술가들도 그런 관점에서 모범이자 자기정체성의 형상으로서 한시적인 도움의 자아Hilfs-Ichs 역할을 했다.[50]

태고의 형태들로의 회귀는 어쩌면 개인적인 고통을 근원적 형태와 모티브에 맡김으로써 감당할 만한 것으로 만들려는 시도였다. 그렇게 보면, 개인적인 고통은 일반적이고 원시적인 것들로 환치되어 일정한 거리를 유지하게 된다. 기본적인 형상화형식을 통해서도 인간이 처한 고통이 경험될 수 있다. 양식화도 자주 같은 희망을 반영한다. 그것들은 개인적인 것을 근원적이고 영원히 유효한 것으로 만듦으로써 완벽한 질서에 편입시킨다.[51]

9년 후의 마지막 1928/29 '연작'은 앞서 언급했듯, 밝은 회색과 검은색, 흰색의 색조가 지배적이다. 마지막 그림(그림 34)에서는 양식화된 몸 안에 곧 사라질 듯한 큐비즘적인 형태들이 보인다. 다다에의 의존이 이 형상 속에 다시 한번 드러난다.

그러나 창백한 색채와 대조를 이루며 유달리 돋보이는 까만 발은 이런 암시일 수 있다. 지금까지의 길이 막바지에 도달했으며 피분석자가 이제 다다적이고 원시적인 것에 대한 의존 없이, 아마도 융도 없이, 계속 나아갈 거라는 것을.

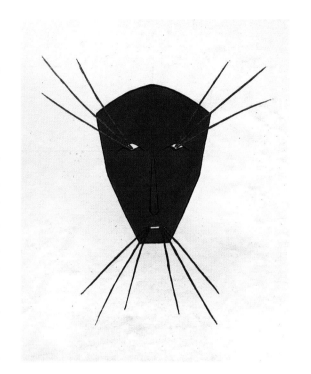

그림 33

그림 31 작가 미상, 무제, 1919
종이에 과슈, 44x30.5cm
퀴스나흐트, 취리히 C. G. 융 연구소, 그림 아카이브 009 AIBB

그림 32 작가 미상, 무제, 1919
종이에 과슈, 44x30,5cm
퀴스나흐트, 취리히 C. G. 융 연구소, 그림 아카이브 009 AIAX

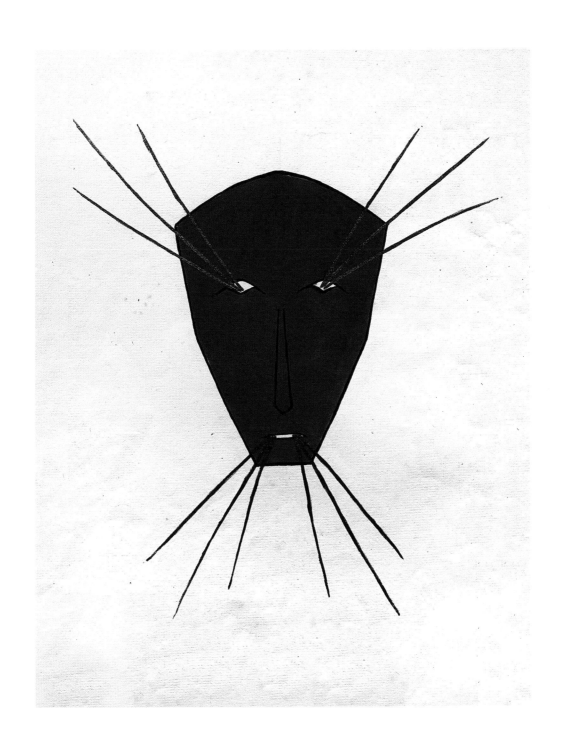

그림 33 작가 미상, 무제, 1917
종이에 과슈, 44x30,5cm
퀴스나흐트, 취리히 C. G. 융 연구소, 그림 아카이브 009 AIAQ

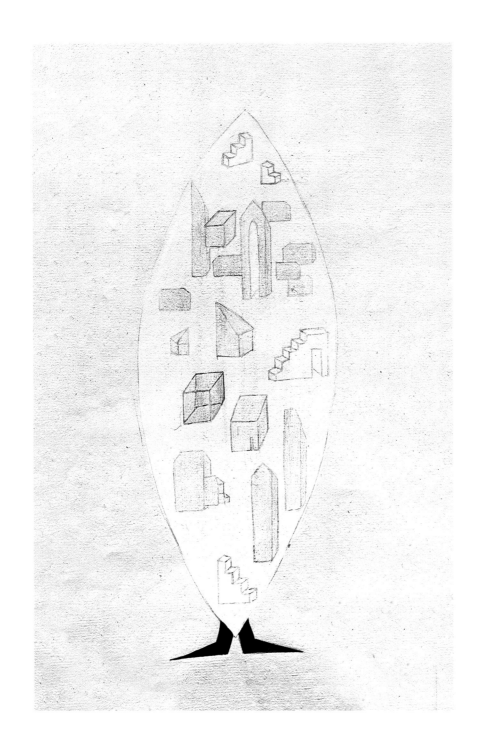

그림 34　작가 미상, 무제, 1929
종이에 과슈와 색연필, 44x30,5cm
퀴스나흐트, 취리히 C. G. 융 연구소, 그림 아카이브 009 AIBH

섬뜩한 것

도록

그림 35 작가 미상, 무제, 1933. 10. 24
종이에 과슈, 22,5x14cm
퀴스나흐트, 취리히 C. G. 융 연구소, 그림 아카이브 001 AAAB

그림 36 작가 미상, 무제, 1934. 3. 21
종이에 과슈, 22.5x14cm
퀴스나흐트, 취리히 C. G. 융 연구소, 그림 아카이브 001 AAAR

그림 37 작가 미상, 무제, 1933
종이에 과슈, 22,5x14cm
퀴스나흐트, 취리히 C. G. 융 연구소, 그림 아카이브 001 AAAA

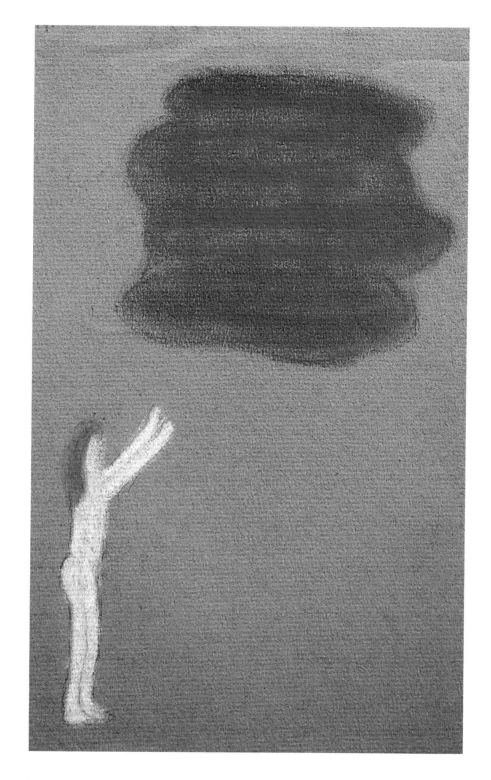

그림 38 작가 미상, 무제, 10월 4일, 연도 미상
종이에 분필, 22x14cm
퀴스나흐트, 취리히 C. G. 융 연구소, 그림 아카이브 105 EAKR

그림 39 작가 미상, 무제, 연도 미상
종이에 분필, 30,5x23,5cm
퀴스나흐트, 취리히 C. G. 융 연구소, 그림 아카이브, 105 EATT

그림 40 작가 미상, 무제, 1926. 7. 19
종이에 과슈, 26x17cm
퀴스나흐트, 취리히 C. G. 융 연구소, 그림 아카이브 025 AYAK

내 안의 중심 찾기

내 안의 중심 찾기
만다라의 상징성에 대하여

베레나 카스트

만다라

산스크리트어에서 기원한 '만다라'의 개념은 일반적으로 '원'으로 번역될 수 있다. '신성한 원' 혹은 '마법의 원'. 티벳 불교에서 만다라는 태고의 종교적인 전통과 관련이 있는, 명상과 집중의 오브제다. 불교에서 만다라는 주술적이거나 종교적인 의미를 가지며, 중심에 신성神性이 자리한다.

만다라라고 하면 사람들은 대개 중심을 지향하는 정방형이나 원형의 기하학적인 모형도를 떠올린다. 간단한 삼각형의 만다라도 정선된 작업이라면 우주와의 합일을 구현할 수 있다. 만다라는 구조적으로 질서와 균형을 만들어내고, 내용적인 면에서는 개인의 삶, 삶 자체에 관한 이야기를 펼친다. 모래그림 형식의 만다라도 자주 볼 수 있는데, 불교에서 매우 중요하게 취급되며 고도의 집중력과 섬세함을 요구한다. 이 감동적인 모래그림들은 물질세계의 덧없음을 상징하며 마지막 단계에서 파괴된다. 명상적인 형상화가 근본이고, 중요한 것은 결과물보다 창작의 과정임을 은유하는 것이다.

서양문화권에서는 만다라를 대개 원형으로 형상화된, 중심 지향의, 기하학적 도형이나 식물적인 모티프가 그려진 그림으로 이해한다. 동양의 만다라와 비슷한 구성으로 심신안정의 효과가 있는 이것들도 명상의 그림들이 될 수 있다.

만다라를 향한 C. G. 융의 접근

C. G. 융은 1918~1919년 샤토−데에서 영국인 포로수용소의 지휘관 역할을 했다. 그는 매일 아침 작은 원형의 그림, 일종의 만다라를 노트에 그렸다고 자서전[52]에 썼다. 이 그림들 덕택에 그는 정신의 변환과정을 관찰할 수 있었다. "내 만다라 그림들은 매일 나에게 보내지는, 내 스스로의 상태를 이해할 수 있는 암호였다. 나는 자기Selbst가, 다시 말해 나의 전일성 Ganzheit이 수행하는 작업을 보았다. (…)내게는 그것이 모나드 같았다. 나 자신이고 내 세계인."[53] 융은 만다라에서 자기를 실현하고, 인격의 전일성, 즉 무의식과 의식의 결합이 이 순간에 가능하다고 판단했다. 원을 그리다 보면 중심잡기를 할 수 있었으므로, 만다라를 그리며 내면은 균형을 이루었다. 이 경험으로 융은 결론을 내렸다. "정신 발달의 목표는 자기 Selbst다. 직선적인 발달은 없다. 다만 자기를 중심으로 한 순환이 있을 뿐이다."[54]

1927년에 융은 꿈에 어떤 만다라를 보고서 그것을 그리기도 했다.[55] 이 무렵 리하르트 빌헬름Richard Wilhelm이 그에게 《황금꽃의 비밀》[56]의 원고를 보냈다. 이 글의 도움으로 융은 그의 '만다라'와 동양의 만다라와의 접점을 찾아냈다. 만다라의 상징에서는 개인 정신의 양상을 구축한다는 주제뿐 아니라 문화적이고 사회적인 삶의 양상을 구축하는 것도 언급되었다.

융 유형의 심리학의 관점에서 보면, 상징을 다루는 작업 속에서 개별적인 정신분열이 극복될 수 있다. 진행 중인 분열을 극복하는 방법들 가운데 하나가 만다라의 구성이다. 내 관점에서 만다라는 그저 단순한 자기의 표현이 아니라, 모든 상징들처럼 현재 삶의 맥락, 삶의 배경, 그리고 무의식의 역동성 사이의 긴장에서 생겨난다. 나는 만다라를 수용하고, 형상화하고, 정성을 들여 이상적인 형상을 조형하는, 창발적創發的 과정의 결과로서도 본다.

융은 내적 갈등과 분열의 '증폭'에 대해서만 많은 생각을 한 게 아니었다. 특히 콤플렉스 이론과 관련한 반사회성에 대해 끊임없이 암시했다. 그러므로 개성화 과정은 전일성의 경험일 뿐 아니라 대극관계에 있는 것들을 감당하고, 이해하며, 반영하는 것일 수 있다. 이것은 만다라의 형상화에도 유효하다. 이런 생각은 내면에서 저절로 발현하여 경험한 만다라의 의미와 연속선 상에 있다. 더불어 만다라가 삶이 처한 특정한 상황에서 나름의 타당성을 가지며, 단순히 개성화의 과정으로 이어진다든가 심지어 개성화의 표출은 아닐 수도 있음을 암시하기도 한다.

치료 과정에서 그려진 만다라

융은 티벳 만다라의 영향을 받았고, 그의 환자들은 또다시 융으로부터 영향을 받았다. 융은 환자들에게 만다라에 대해 이렇게 말한다.
"명상, 몰입, 집중 그리고 내면의 경험을 실현할 수단들이(…) 있다. 그것들은 내면의 질서를 세우는 것을 돕는 수단이며, 같은 이유로 자주, 그림 연작에서는 환자가 불안을 동반한 혼란스럽고 무질서한 갈등을 겪은 직후에 나타나곤 한다. 그러므로 그것은 안전한 레푸기움Refugium('휴식처'의 뜻), 내면의 화해와 전일성에 대한 생각을 표현한다."[57] 융은 그것을 "자연의 자가치료 시도"로 본다.[58] 그러나 그 역시 종교적인 만다라와는 거리를 두고 있다. 그는 개개인의 만다라가 "모티브와 상징적인 암시들로 가득함"[59]을 환기했다. 만다라는 "전일성과 개인성을, 그의 내면 혹은 외부 세계의 경험이나 근원적인 내면의 기준점과 같은 것을 표현하려

한다. 만다라의 대상은 자기다. 자아가 의식의 기준점에 불과한 데 비해 자기는 정신의 전체성을, 그러니까 의식과 무의식을 아우른다."[60] 그렇다면 그것은 자기의 개별적인 표현일 뿐, 자기 자체는 아니다.

원과 중심

물론 만다라에서만 원[61]을 발견할 수 있는 것은 아니다. 하지만 내가 여기서 선택한 융의 환자들이 그린 만다라는 모두 원을 강조한 것들이며, 원으로 둘러싸여 있다. 원은 형상화과정에서 실현된 즉각적인 상상들을 포함할 것이다. 아마도 미학적인 요구에 부합하는, 만다라를 그릴 때 나타나는 즉각적 형상화의 법칙이 있을 것이다. 만다라에 대한 매혹이 전일성의 원형으로서 형상화에 영향을 끼쳤을 가능성이 있다. 혹은 치료를 받는 과정에서 융으로부터 받은 일종의 감정이입의 결과일 가능성도 배제할 수 없다. 그렇다 해도 C. G. 융이 수년간 그 방법을 숨겼다는 사실은 달라지지 않는다. 그는 영향을 끼치고 싶지 않았다고 했다.[62] 융이라면 알고 있었을 것이다. 때로는 비밀이 공개된 것보다 더 큰 영향을 실제에 끼친다는 것을. 감정을 '이입'했다는 것과 관련해서는 오늘날에는 만다라가 융의 생존 시절보다는 확실히 덜 그려진다는 점도 언급할 수 있다. 그것은 치료과정에서 자주 그림을 그리는 사람들 경우에도 마찬가지다.

원과 원에 가까운 소용돌이는 자주 쓰이는 태고의 상징이다. 그것들은 매우 일상적이다. 중요한 것은 원을 그릴 때, 우리가 그 둘레를 돌며 에워싼다는 것이다. 원은 시작과 끝이 없는, 무한의 선이다. 그리고 방향을 바꿀 필요 없이 단 한 번의 동작으로 그릴 수 있다. 원은 완성된 전체성을 구현하며 내부를 감싼다. 한 개의 선으로 '안'과 '밖'이 나뉜다. 원의 '안'은 외부로부터 보호되므로, 보호의 원이라는 말도 있다. 토속신앙에서도 원은 악령 같은 것으로부터의 보호를 뜻한다. 악령이란 위협을 준다고 느끼게 하는, 그것들이다.

원은 폐쇄적이며 세상의 복잡함을 차단하므로, 원 안에서 사람은 일단 만족감을 느낀다. 그 안에서 집중할 수 있고, 집중한다. 각각의 원은 중심을 지니고 있으며, 중심이 무엇인가에 대한 물음에 즉각 답한다. 그렇게 원은 우리에게 가르친다. 중심은 사라질 수 없다고. 중심은 움직임의 동력이 되기도 한다. 그렇게 원은 넓이뿐 아니라 높이와 깊이로, 구의 상징으로 확장된다. 스스로에게 집중하면, 우리는 자신의 주위로 자신을 모으고, 경험의 단면은 '둥글어'진다. 원 안에서 우리, 그리고 우리의 행위는 보호된다. 이렇게 원은 어떤 근원적인 담아주기Gehaltensein의 경험을 재현한다. 원 안에서 일어나거나 구현되는 것은 이 근원적인 담아주기와 관련이 있다.

그러나 형상화와 상상 속에서 보이는 것이 무엇인지 고민하는 노력이 필요하다. 둥근 것은 또한 부드럽고 세심한 형상화 속에서 드러낼 수 있는 부드러움을 일깨운다. 판크세프Jaak Pankseep의 기본정서 감정체계—'주어진' 생물학적인 기본장치에 속하는, 집단 무의식적인, 삶의 경험을 통해 억제되거나 특별히 활성화되기도 하지만, 기본적으로 인간에게 내재해 있으며 인간이 동물들과 공유하고 있는—에 따라 생각해보면 이렇게 말할 수 있을 것이다. 동그라미 안에 대한 호기심과 관심은 세밀하게 이해하려는 의지, 그리고 형상화와 관련이 있다고. 감정의 뇌신경과학자인 판크세프의 학술용어로는 "탐색seeking-구조와 돌봄care-구조에 관한 것이다. 돌봄-구조는 모성적인 보호와 보살핌의 감정적 기반이다. 그 위에서 친 사회적인 감정이 자란다."[63] 탐색-구조와 돌봄-구조가 실제로 그림을 통해 원형으로 활성화될 수 있다면 그 자체로 이미 불안과 슬픔에 대항하는 물적 자원을 획득한 것이다. 그러므로 원형의 그림을 그리는 것은 만다라에서 자주 언급되는 사분법 없이도 보호 속의 전개라는 치료적 효과를 가질 수 있다.

상상의 형식에 대한 질문도 던져볼 수 있다. 원 안에서

치료 과정에서 그려진 만다라들

중심과 관련된 또 다른 형식의, 중심에 대한 상상이 생겨날 수 있다. 이 중심과의 연결은 아마도 그리는 동안에만, 만다라를 형상화하는 동안에만 유지될지도 모른다. 그러나 그러기에 만다라가 진정 "혼란스러운 정신 상태를 위한 예로부터의 해독제"[64]가 될 수도 있는 것이다. 그러나, 무엇보다 중요한 것은 상상에 집중하는 것이다. 어쩌면 그 과정에서 당면한 개인적인 문제를 넘어선 더 큰 인생과 관련된 물음과 마주하게 될지도 모른다. 원과 소용돌이의 상징은 일찍부터 인간의 조형에 큰 역할을 해왔다고 볼 수 있다. 옛날 돌들에 나타나는 원, 환상열석이나 석관들의 원과 소용돌이들에 대해 생각해보라. 그것은 늘 삶과 죽음에 대한 것이며, 무한한 것에 대한 유한함에 관련된 것이다. 머리가 두족류처럼 보이는 어린아이의 첫 그림들도 생각해 볼 수 있겠다.

만다라의 예

첫 번째 전제: 우리는 이 만다라를 그린 환자들의 일생에 대해서도, 그들이 처했던 당시의 삶에 대해서도 알지 못한다. 그러니 이 만다라들을 작품별로 세밀히 분석하는 것은 불가능하다. 그 말은 그것을 개인적인 삶의 상황과 연관 짓는다든가, 미래를 암시하는 양상, 혹은 융과 환자 사이의 치료적 관계에 대한 암시로 본다든가 하는 것들을 포함한다. 우리는 이 모든 만다라들이 융과의 치료 과정에서 그려진 것인지조차 확신할 수 없다. 물론 이 그림들은 C. G. 융과의 관계에서 생겨난 것들로, 전이轉移의 형태로 환자들이 융에게 주는 선물로 이해할 수 있다. 우리가 당신에게 중요한 것을 준다. 왜냐하면 그건 우리에게도 중요하니까. 이럴 수도 있다: 우리는 당신의 이론의 기초를 확고히 세우기 위해 할 수 있는 모든 것을 한다. 그리고 당신이 의미 있게 되면 우리도 얼마간은 의미 있게 될지 모른다. 오늘의 우리로서는 알 수 없는 일이다. 그러나 우리 앞에 세심함과 열정을 기울여 형상화한 만다라들이 놓여있

다. 특별히 C. G. 융을 위해 만들어진 복사본들, 그러니까 그가 복사본을 가질 수 있도록 세심하게 베껴 그린 그림들이. 원본은 그린 당사자가 가지고 있어야 한다고, 융은 생각했다.

두 번째 전제: 만다라는 바라보기 위해, 명상을 위해 존재한다. 만다라가 우리의 마음에 와닿으면, 유사한 주제들이 우리의 정신 속에서 깨어난다. 말하자면 중심잡기Zentrierung의 동기 역시 생길 수 있다. 그리고 최상의 경우 스스로 만다라를 그리고 싶은 욕구가 생긴다. 여기서 만다라가 제작되는 과정을 성찰해볼 만하다. 저마다의 상상을 산출하는 것은 감정들,[65] 그것도 무의식의 감정들이다. 특정 형상들, 조형물은 일상의 경험에서 비롯된다. 꿈속에서 그렇듯 상상 속에서 이 조형물, 형상, 그림들은 새롭고 놀라운 결합을 경험한다. 비범하고 예기치 못한 결합이 경험, 기억 그리고 기대의 새로운 관점을 제시하는 경우가 많다.

성장과 변화

그림 41

그림을 그린 사람은 30대의 미국 여성이다. 1930년 독일 세미나의 보고서[66]에서 융은 그녀의 비전Vision — 당시 그는 상상Imagination을 이렇게 명명했다—에 관해 상세히 서술하고 있다. 그녀의 개인사는 여기서 고려되지 않는다. 오늘날 우리의 관심을 끄는 것은 삶과 어떤 맥락, 어떤 치료적 상황에서 상상들이, 무엇보다 앞에 제시된 만다라가(그림 41) 생겨났느냐는 것이다. 흥

미로운 점은 위의 그림을 상상으로부터 발전시켰다는 것이다. 우선 하나의 상상이 존재했다. 그것이 세미나에서 상세히 거론되었다.

상상 속에서 마주친, 선택 가능한 여러 모티프들 중에서 여성은 이 하나의 모티프를 선택했다. 그리고 그녀가 그림을 그리는 동안, 즉 우리 앞에 놓인 이 만다라가 되기까지[67] 모티프는 변한다. 세 단계의 창의적인 과정이 일어났다는 말이다. 먼저 상상하고, 형상화하고 싶은 그림을 선택한 다음, 우리가 이미 알고 있듯, 내면의 그림이 스스로 계속 변화하는 형상화 작업 자체를 거친다. 특히 이 그림에서는 상상이 일종의 준비 과정이라는 인상을 받는다. 그러므로, 그림은 주제의 응축이며 만다라 안에서 갈등은 한시적으로 해결된다. 다른 만다라의 형상화에서 융은 상상이라는 단어를 쓰지 않고, 자동적인 그리기라고 했다. 기본적으로 융은 그리는 작업을 일종의 적극적 상상[68]이라고 표현했다. 그림에서 관조자의 시선은 중심에 집중된다. 세 겹의 동심원 안에 아이가 보인다. 아직 태아의 자세를 하고 있으나, 변화의 색인 보라색 바탕 안에서 아이는 오른손을 힘차게 펴고 있다. 발달단계를 앞서 있는, 이제

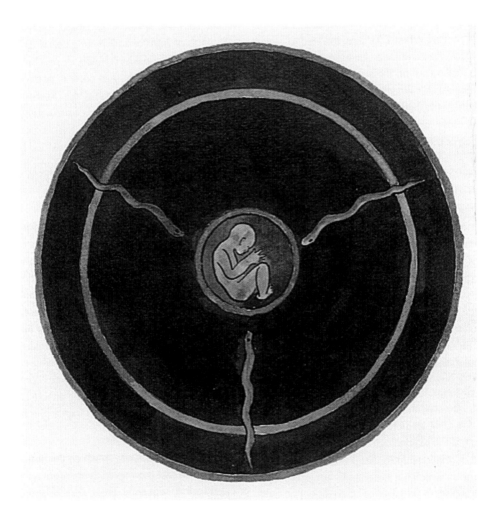

그림 41 작가 미상, 무제, 연도 미상
종이에 과슈, 14x14cm
퀴스나흐트, 취리히 C. G. 융 연구소, 그림 아카이브, 025 AYBC

막 뻗어 움켜쥐려는 손은 이 화가 여성의 삶에서 새로워지는 무엇을 나타낸다. 숫자 3도 만다라를 구성하는 요소다. 세 개의 원, 세 마리의 뱀, 숫자 3은 생동감을 표현한다. 움직이는 무엇이 있다. 그리고 그것은 현재의 삶 안으로 편입될 수 있다. 가장 깊숙한 곳에 자리한 원에서 아이는 선명하고 의미심장하게 뻗은 다섯 개의 손가락을 보여준다. 숫자 5는 육체와 더불어 상징성을 띠며 그로서 현실의 육체적인 삶과 연결되었다. 이 원은 검정으로 둘러싸여, 세 개의 황금색 원에 의해 보호된다. 보라색과 황금색은 상호보완Komplementarität의 의미를 지닌 보색이다. 대립하는 것들이 균형을 이룬다. 세 마리의 밝은 초록색 뱀들은 가장 내밀한 원에 닿지 못하고, 그렇다고 외부에 속하는 것도 아니다. 뱀들은 생동감 있는 에너지로, 변화의 힘으로 이해할 수 있다. 상상 속에서 태아는 뱀들로부터 양분을 공급받는다. 뱀은 에너지, 무의식으로부터 밀려오는 양가적인 감정들을 상징한다. 뱀들은 위험해 보이지 않는다. 초록빛을 통해 오히려 변화를 암시하며, 무의식으로부터의 성장 동력에 가까워 보인다.

변화는 기본적으로—무엇보다 뱀이 그것을 상징한다—'죽음-삶-죽음-삶'의 역학이다. 이 만다라는 무엇을 말하는가? 그것은 중심의 새로움, 어떤 약속, 중요한 무의식적 충동 뒤에 숨어 있다. 주목할 만한 변화의 역학과 관련이 있고, 감정적으로 매우 생생한 이 충동은 만다라의 구조를 통해, 세 개의 원과 만다라에서 사용된 색채들을 통해 보호된다. 거기 많은 정신적 동요와 움직임이 있으나, 그것들은 일상의 삶에 잘 편입될 수 있어 보인다.

알卵의 역학

이 그림들(그림 42, 43, 44)은 C. G. 융이 예술적인 재능이 있다고 여긴, 60세가량의 그의 여성 환자가 그린 것이다. 중요한 것은 아마 융이 여기서도 "차단된 개성화 과정"에 대해 말하고 있다는 것이며, 치료 과정을 통해 환자의 창의적인 적극성을 활성화할 수 있다고 시사한 점이다.[69] 여기서도(그림 42) 중심이 눈길을 끈다. 한가운데 화환 모양으로 둘러싸인 알이 있다. 색채로 보아

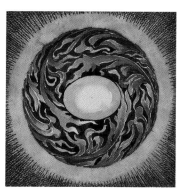

그림 42

그림 43

그림 44

그림 42 작가 미상, 〈알의 부화〉, 1927. 2. 10
종이에 과슈, 16.5x16.5cm
퀴스나흐트, 취리히 C. G. 융 연구소, 그림 아카이브, 008 AHAC

물과 불이 조화로운 방식으로—상호 대극적인 것이 하나로—통합되어 있고, 부화를 위해 알에 필요한 온기를 제공할 수 있어 보인다. 그러나 영감을 구현하는 자극적인 상황이기도 하다. 성숙의 과정은 보호되고, 형태를 갖춘다. 고요한 배경 안에서 빛을 발하며, 더 큰 관계 속으로, 우주를 향해 들어간다. 개인적인 성숙의 과정, 새로운 자기만의 세계를 창조하려는 몰입의 과정이 그러한 개인적인 경험을 타인에게까지 발현할 수 있음을 암시한다. 알은 상징이다. 우리는 신화 속의 우주란(宇宙卵, Weltenei)을 알고 있다.

우주를 포함한 '거대한 원'으로서의 우주란. 그러나 아주 평범한 알에도 잠재적인 삶이 있다. 알은 다산의 상징이기도 하다. 부화는 필수적인 시간이, 필수적인 온기가 필요한 과정이다. 한 세상의 창조에 해당하는, 무언가를 부화하기 위해 중심에 집중한다는 것은 자기만의 세계에 대한 새로운 이해, 미래를 향한 의미심장한 생각들과 일치한다. 이 그림은 이어지는 그림(그림 43)과의 연관 속에서 봐야 한다. 알에서 무엇이 자라는가?

그림 43

파란 원의 보라색 중심에서 한 그루 나무 같은 것이 자란다. 화가는 이런 제목을 붙인다: "알에서 태어난 첫 번째 생명수生命樹".

생명수는 평생 유지되는 발달과 성숙의 과정, 점진적인 개성화 과정의 상징으로 이해될 수 있다. 나무도 알의 경우처럼 여기서 처음으로 중심잡기를 넘어서는 모습, 중심에서 벗어나 본격적인 출발을 위한 새로운 발달을 시작하고 있음을 암시하는 듯하다.

이 그림에서도 다시 물과 불이 보인다. 그러나, 불은 꺼질 것 같지 않다. 나무는 물뿐 아니라 불꽃도 품고 있다. 심지어 일종의 우물로서 빛을 퍼뜨리고 있다. 그러나, 모든 것이 아직 매우 소심하고 조심스럽다. 물과 불이 대극성 안에서 함께 움직인다. 대립이 지속됨으로써 활기 있는 그림, 활기 있는 정신적 경험을 유발한다. 무의식과의 접촉, 그리고 아마도 C. G. 융과의 치료 과정에서 일깨워진 불을 통해 받게 된 감동과 경쾌함이 느껴진다. 이것은 첫 번째 생명수다. 삶의 근본이 될 수 있는 첫 번째 환상이다. 환상들은 여기서 아직 매우 다소곳하다. 작은 불꽃과 분홍색 꽃잎들이며, 모든 것이 다소 유겐트 양식을 떠올리게 한다. 감정이 강렬히 형상화된 나무의 뿌리 부분보다 이곳에서 더 크고 강한 생동감이 흘러나올 가능성이 엿보인다. 2차원적인 만다라에서 3차원적인 것이 그려졌고 더불어 삶속으로 침투했다. 경험의 새로운 차원으로. 만다라에서 자란 나무는 화가에게 아마도 내면의 경험을 외부의 '실재'로 데려올 수 있음을, 그것을 일상에 구체화할 수 있음을 보여주었을 것이다.

타오르는 살아있는 불꽃을 지닌 중심, 그것이 나를 매료시킨다. 알에서 감정적인 형상화의 힘이 분출된다. 그것이 감수성, 감정의 강도, 에로스, 성적인 것이나 창의력 혹은 그 무엇이 되었든 더이상 기다림과 부화가 아닌, 뛰어들어 주어지는 기쁨을 여기서 내보이는 것이다.

다음 그림(그림 44)에서는 원이 엄청난 역동성을 보인다. 달팽이집 혹은 조개의 중심에 자리한 역동성과 안정감, 감동과 고요가 결합해 있다. 달팽이집—혹은 조개—은 화가가 역동성으로부터 튕겨 나오지 않도록

그림 43　작가 미상, 〈알에서 나온 첫 번째 생명수〉, 1927. 2. 13
종이에 과슈, 31x21cm
퀴스나흐트, 취리히 C. G. 융 연구소, 그림 아카이브, 008 AHAD

그림 44 작가 미상, 무제, 1927. 3. 17
종이에 수채, 20.5 x 20.5cm
퀴스나흐트, 취리히 C. G. 융 연구소, 그림 아카이브, 008 AHAF

작용한다. 그림은 스스로 몸을 구부리고 펴는 역동적인 동작을 보여주며, 역동성은 또다시 고요한 중심을 목표로 삼는다. 대극적인 것들의 성공적인 결합이다. 이 그림(그림 44)은 만다라가 긍정적인 모성 원형의 작용 혹은 보호-구조의 결과로서 담아주기의 기능을 얼마나 많이 가지는지를 확실히 보여준다. 눈길을 끄는 것은 물고기의 눈이다. 이것은 두 번째 중심일까? 물고기는 그의 관점에서 무엇을 보고 있나? 무의식으로부터의 강한 역학이 예고된다. 물고기—무의식의 내용—는 아직 동물의 형상이지만 앞으로도 계속 '고무적'일 것이 분명해 보인다. 중심에는 그러나 섬세하게 그린, 달팽이집 혹은 조개가 있다. 고요한 성장, 온전한 내 안에 머묾이다.

그림 45

내면이 세계를 향해 빛을 발하다

융은 화가를 중년의 여성환자로 기록했다. 화가는 그림에 "다채로운 색의 해"라는 제목을 달았다(그림 45). 이 만다라는 무엇보다 회로도回路圖와 같은 구성으로 형상화되었다. 내용을 바탕으로 그려진 것이 아니지만, 그림에도 전체는 하나의 태양을 표현한다. 이 만다라는 아마도 컴퍼스로 그려졌을 것이다. 노란색이

당당히 자리를 잡고-물론 제목과의 연관 하에-빛, 열기, 빛살이 더해진다. 중심에는 뚜렷이 십자 모양의 빛을 발하는 흰 동그라미가 있다. 이 중심에서 경험할 수 있는 것은 세계를 향한 발산이다. 빛은 흰색뿐 아니라, 풍차의 경쾌한 날개처럼 보이는 붉은색으로도 뻗어가며, 집중해서 보면, 사실 정적인 구조로 그려진 만다라에 역동성을 부여한다. 특히 흥미로운 것은 빨강과 초록, 파랑으로 구성된 다섯 번째 원이다. 다섯 번째 원은 일상적 삶의 원이다. 중심에서 경험한 것이 일상의 삶 속으로 빛을 발해, 더욱 환하게 만든다. 이 빛남은 일상을 넘어서도 계속된다. 다섯 번째 원을 넘어 거의 닫히지 않은, 나풀거리는 원이 있다. 이것이 중심을 잡는 만다라다. 세계를 이해하는 질서를 만들어내고, 그럼에도 내면에서 성취된 것이 개인의 영역을 넘어 더 넓은 영역까지 빛을 발하리라는 희망을 주는.

맺음말

만다라가 우리의 마음에 와닿아도, 그래서 자기만의 내면의 그림들을 일깨울지라도 만다라를 그린 환자의 정신적 경험은 우리에게 미미한 접근만 허용할 뿐이다. 생각해보자. 상상은 물론 형상화의 과정은 일상의 갈등, 관계의 경험, 무엇보다 C. G. 융과의 치료적 관계, 내면의 발달에 대한 고민과 무관할 수 없다. 지속되고 긴장감 넘치는 이 과정은 성공적으로 형상화된 만다라와 더불어 한시적인 결론에 도달한다. 그로 인해 환자는 압도적인 느낌에 빠질 수 있다. 중요한 문제들이 잠시 조화롭게 해결되고, 스스로와 세상이 일치하며, 잠시 자신의 중심으로부터 삶을 만족스럽고 경이롭게 바라볼 수 있다. 그러한 경험, 나와 타인, 자신보다 더 큰 무엇과의 결속은 상당히 길고 고된 심리치료 과정의 결과일 때가 많다. 그러나 언제든 다시 그러한 조화로운 상황이 일어날 수 있다는, 미래를 향한 어떤 약속이기도 하다.

그림 45 작가 미상, 〈다채로운 색의 해〉, 1931. 12. 21
종이에 색연필, 15x17cm
퀴스나흐트, 취리히 C. G. 융 연구소, 그림 아카이브, 002 ABAC

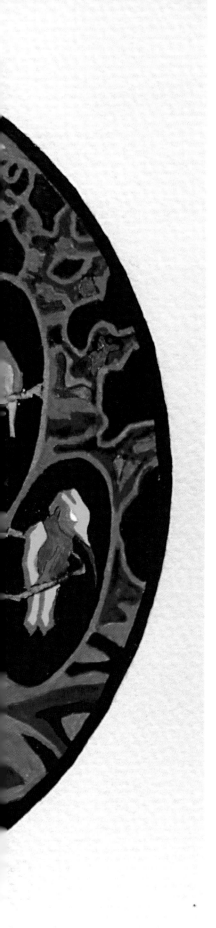

만다라

도록

그림 46 작가 미상, 무제, 연도 미상
종이에 과슈, 22,5x30cm
퀴스나흐트, 취리히 C. G. 융 연구소
그림 아카이브, 105 EATD

그림 47 작가 미상, 무제, 연도 미상
종이에 파스텔, 21x30cm
퀴스나흐트, 취리히 C. G. 융 연구소
그림 아카이브, 105 EAGA

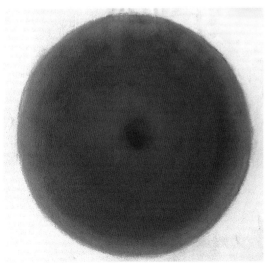

그림 48 작가 미상, 무제, 연도 미상
종이에 파스텔, 22,5x24,5cm
퀴스나흐트, 취리히 C. G. 융 연구소
그림 아카이브, 105 EACB

그림 **49** 작가 미상, 무제, 그림 뒷면에 텍스트, 1928
종이에 과슈, 28,5x22,5cm
퀴스나흐트, 취리히 C. G. 융 연구소, 그림 아카이브, 039 BMAX

그림 50 위: 작가 미상, 무제, 1935. 8. 17
종이에 과슈, 31,5x49,5cm
퀴스나흐트, 취리히 C. G. 융 연구소
그림 아카이브, 065 CMAB

그림 51 아래: 작가 미상, 무제, 1935. 8. 27
종이에 과슈, 31,5x49,5cm
퀴스나흐트, 취리히 C. G. 융 연구소
그림 아카이브, 065 CMAC

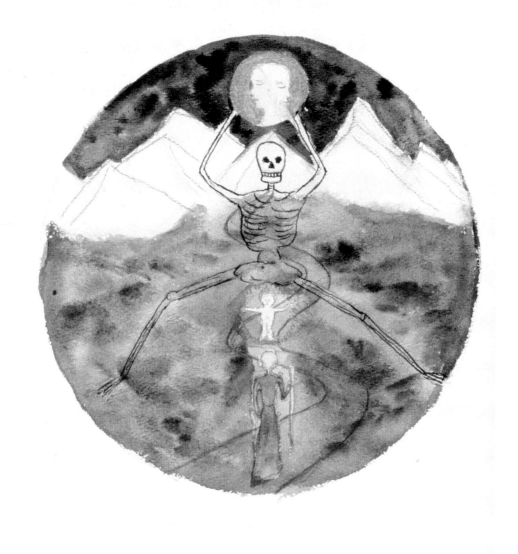

그림 52 작가 미상, 무제, 1941. 1. 5
종이에 수채, 30x21,5cm
퀴스나흐트, 취리히 C. G. 융 연구소, 그림 아카이브, 076 CXFV

그림 53 작가 미상, 무제, 1939. 8. 24
종이에 과슈, 21.5x30cm
퀴스나흐트, 취리히 C. G. 융 연구소, 그림 아카이브, 076 CXCU

그림 54 위: 작가 미상, 무제, 6. 23, 연도 미상
종이에 과슈, 21.5x30cm
퀴스나흐트, 취리히 C. G. 융 연구소
그림 아카이브, 099 DUCP

그림 55 아래: 작가 미상, 〈검은 힘들〉, 1931. 11. 1
종이에 과슈, 25x35cm
퀴스나흐트, 취리히 C. G. 융 연구소
그림 아카이브, 016 APBH

68, 70~71쪽 베레나 카스트의 글에서 그림 42, 43, 44 참고.

왼쪽 위:
작가 미상, 〈알의 부화〉, 1927. 2. 10
종이에 과슈, 16,5x16,5cm
퀴스나흐트, 취리히 C. G. 융 연구소
그림 아카이브, 008 AHAC

오른쪽 위:
작가 미상, 무제, 1927. 3. 17
종이에 수채, 20,5x20,5cm
퀴스나흐트, 취리히 C. G. 융 연구소
그림 아카이브, 008 AHAF

아래:
작가 미상, 〈알에서 나온 첫 번째 생명수〉,
1927. 2. 13
종이에 과슈, 31x21cm
퀴스나흐트, 취리히 C. G. 융 연구소
그림 아카이브, 008 AHAD

그림 56 작가 미상, 무제, 1948. 8. 7
종이에 과슈, 33x25cm
퀴스나흐트, 취리히 C. G. 융 연구소, 그림 아카이브, 074 CVBB

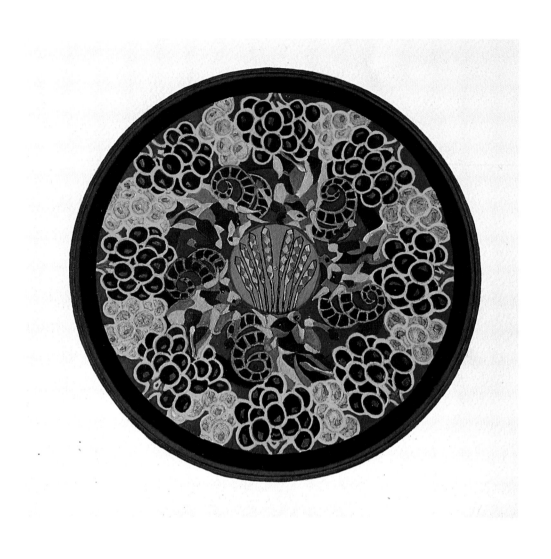

그림 57 작가 미상, 〈8월 9일의 꿈〉, 1934. 12. 5
종이에 과슈, 33x25cm
퀴스나흐트, 취리히 C. G. 융 연구소, 그림 아카이브, 044 CVAN

그림 58 위: 작가 미상, 〈몸의 빛〉, 1942. 12. 30
종이에 과슈, 22x26,5cm
퀴스나흐트, 취리히 C. G. 융 연구소
그림 아카이브, 016 APCN

그림 59 아래: 작가 미상, 무제, 1943. 8. 29
종이에 과슈, 22x26,5cm
퀴스나흐트, 취리히 C. G. 융 연구소
그림 아카이브, 016 APCT

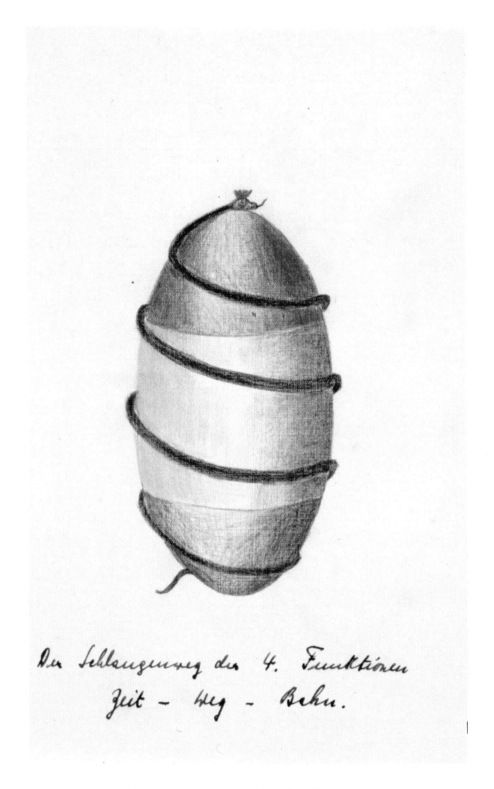

그림 60 작가 미상, 〈네 번째 기능으로서의 뱀의 길. 시간-길-궤도〉, 연도 미상
종이에 색연필, 27.5x21cm
퀴스나흐트, 취리히 C. G. 융 연구소, 그림 아카이브, 058 CFAJ

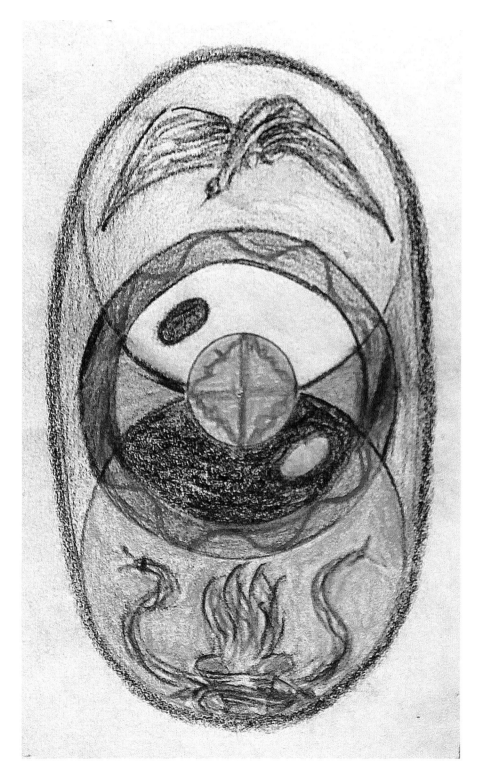

그림 61 작가 미상, 〈정신의 전체성〉, 1938. 11. 8
종이에 색연필, 14,5x10,5cm
퀴스나흐트, 취리히 C. G. 융 연구소, 그림 아카이브, 077 CYAT

그림 62 작가 미상, 무제, 1939. 2. 23
종이에 과슈, 29.5x21cm
퀴스나흐트, 취리히 C. G. 융 연구소, 그림 아카이브, 001 AABC

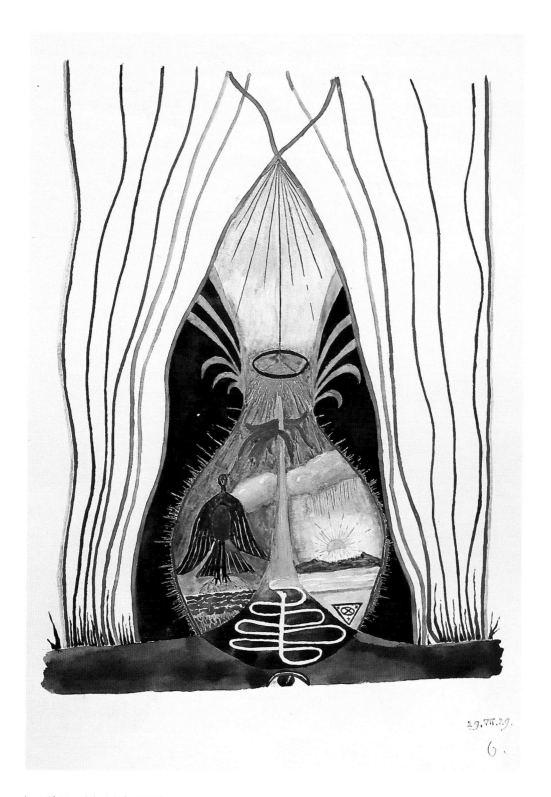

그림 63 작가 미상, 〈쿤달리니〉, 1929. 7. 23
종이에 과슈, 36x24,5cm
퀴스나흐트, 취리히 C. G. 융 연구소, 그림 아카이브, 023 AWAE

그림 64 작가 미상, 무제, 연도 미상
종이(노트)에 과슈, 30x21,5cm
퀴스나흐트, 취리히 C. G. 융 연구소, 그림 아카이브, 037 BKAH

그림 65 작가 미상, 무제, 연도 미상
종이(노트)에 과슈, 21,5x30cm
퀴스나흐트, 취리히 C. G. 융 연구소, 그림 아카이브, 037 BKAM

그림 66 작가 미상, 무제, 연도 미상
종이에 과슈, 36x22cm
퀴스나흐트, 취리히 C. G. 융 연구소, 그림 아카이브, 019 ASBE

그림 67 작가 미상, 무제, 연도 미상
종이에 과슈, 33x33cm
퀴스나흐트, 취리히 C. G. 융 연구소, 그림 아카이브, 019 ASBF

그림 68 작가 미상, 무제, 연도 미상
종이에 과슈, 30x20cm
퀴스나흐트, 취리히 C. G. 융 연구소, 그림 아카이브, 024 AXAM

그림 69 작가 미상, 무제, 1936
종이에 과슈, 30.5x23cm
퀴스나흐트, 취리히 C. G. 융 연구소, 그림 아카이브, 003 ACAB

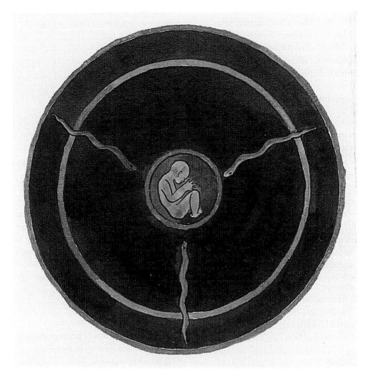

작가 미상, 무제, 연도 미상
종이에 과슈, 14x14cm
퀴스나흐트, 취리히 C. G. 융 연구소
그림 아카이브, 025 AYBC

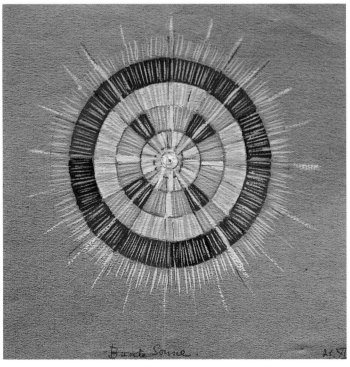

작가 미상, 〈다채로운 색의 해〉, 1931. 12. 21
종이에 색연필, 15x17cm
퀴스나흐트, 취리히 C. G. 융 연구소
그림 아카이브, 002 ABAC

66, 73쪽 베레나 카스트의 글에서 그림 41, 45 참고.

그림 70 작가 미상, 무제, 1932
종이에 색연필, 21,5x30cm
퀴스나흐트, 취리히 C. G. 융 연구소, 그림 아카이브, 027 BAAX

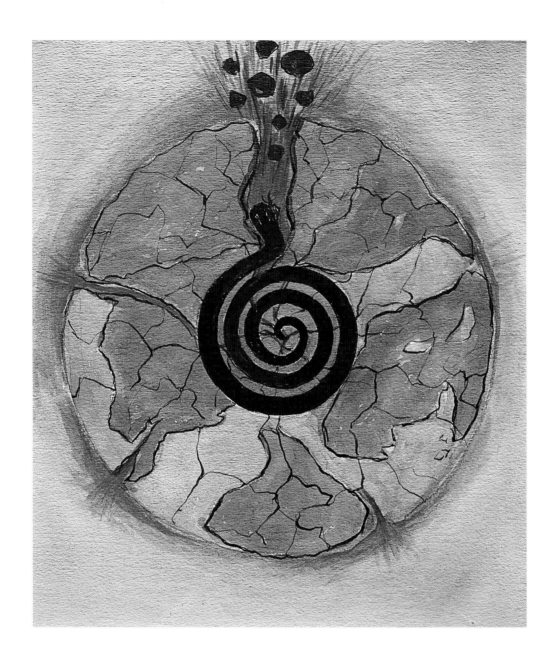

그림 71 작가 미상, 무제, 1934. 11. 1
종이에 과슈, 22x19cm
퀴스나흐트, 취리히 C. G. 융 연구소, 그림 아카이브, 002 ABBH

그림 72 작가 미상, 무제, 1944. 1. 20
종이에 과슈, 22x27cm
퀴스나흐트, 취리히 C. G. 융 연구소, 그림 아카이브, 016 APCU

그림 73 작가 미상, 〈1932년, 7월 13일의 꿈을 꾸고 나서〉, 연도 미상
종이에 과슈, 25x20cm
퀴스나흐트, 취리히 C. G. 융 연구소, 그림 아카이브, 020 ATAJ

"그런데 나는 대체 왜 환자들에게 붓, 연필 혹은 펜을 사용하여 자신을 표현하도록 격려하는가?"
(C. G. 융)

루트 암만

C. G. 융이 분석 작업에서 그림과 스케치에 부여한 의미는 그의 여러 저작들에 나타나지만 아래 인용문은 너무나 흥미롭고 줄곧 내 머릿속을 떠나지 않았기에, 이 장의 중심 모티브로 선택했다. 전집 16권,《심리치료의 목적》에서 융은 이렇게 쓴다.

"그런데 나는 대체 왜 특정 발달 단계에 있는 환자들에게 붓, 연필 혹은 펜을 사용하여 자신을 표현하도록 격려하는가? (…)이것은 무엇보다 효과를 경험하게 하기 위해서다. 이전에 서술한 정신적 유아상태에서 환자는 수동적으로 머문다. 그러나, 여기서 환자는 적극적으로 변모한다. 처음에 환자는 본 것을 수동적으로 형상화한다. 그리고 이 과정을 통해 의도적으로 행동하게 된다. 그림에 대해 말할 뿐 아니라, 실제로 그림에 영향을 주고 있다. 심리학적으로 보면, 주 1회 의사와 흥미로운 대화를 나눈 다음, 허공에 뜬 듯 불확실한 결과를 얻는 것과 물감과 붓을 가지고 여러 시간 씨름하여 언뜻 보기에 아무 의미 없는 작품을 만드는 일은 전혀 다른 일이다. 그것이 환자를 위해 진정 무의미한 일이라면, 환자는 그림을 그리는 것과 같은 수고로움

을 두 번 다시 반복하지 않을 것이다."[70]

융은, 효과를 경험하게 하고 싶다고 쓴다. 그가 생각하는 효과라는 것은 지적이거나 정서적인 효과인가 아니면 감각적이고 육체적인 것인가? 그것이 아니라면 심리적 통찰이 뒤따르는 감각-정서적 효과를 말하는가? 아마도 그 모든 것을 아우를 것이다. 왜냐하면 그림과 스케치는 몸뿐 아니라 영혼과 정신에 작용하는, 매우 감각적인 활동이기 때문이다.

그림을 그리는 동안 대체 무슨 일이 일어나는가? 우리 내부에서 떠다니는 생각들, 감정들 그리고 심상들 내지는 내면을 흐르는 그림과 유사한 존재상태 Seinzustand가 응집되어 손의 움직임, 그리고 물감을 머금은 붓과 연결된다. 각각의 색에는 고유의 성격, 고유의 진동, 고유의 정서적 작용, 그들만의 매우 특별한 상징적 의미가 있다. 스케치와 회화의 전 과정은 흐르듯, 탐색하듯, 더듬어 가듯, 색이 건조되며 견고한 형상을 띠게 되는 그 순간까지 모호하다. 그리고 나서 새로운 과정이 시작된다. 새로이 혼합된 색채의 영향력은 몸과 마음에 역으로 작용해, 새로운 생각과 감정들을

불러일으킨다. 이것은 흐르는 것에서 정형화된 것으로 그리고 다시 흐르는 에너지로의 독보적인 과정이다. 형태를 부여하는 이 과정은 인간에게 거대하고 전일적인 효과를 미친다.

인용된 《심리치료의 목적》의 한 부분으로 돌아가 보자.

"심리학적으로 보면, 주 1회 의사와 흥미로운 대화를 나눈 다음, 허공에 뜬 듯 불확실한 결과를 얻는 것과 물감과 붓을 가지고 여러 시간 씨름하여 언뜻 보기에 아무 의미 없는 작품을 만드는 일은 전혀 다른 일이다."

이 문장에 대해 독자들은 누구라도 이런 질문을 할 것이다. "융은 그림을 대화보다 우위에 두는가? 꿈을 언어로 표현하는 것보다도?" 여기서는 그런 듯하다.

나는 오랫동안 이 문장을 곰곰이 생각해보았다. 우리는 이렇게 이해할 수 있을 것 같다. 대화는 쉽게 느껴진다. 우리는 자주 입에서 나오는 대로 "말한다". 그러나 아직 형태를 갖추지 않은 내면의 그림들을 보고, 만질 수 있고, 의미가 충만한 형태로 만드는 것은 많은 창조적인 노력을 요구한다. 나는 위의 문장을 육체적으로도, 다시 말해 육체적 경험으로도 탐지하려고 노력했다. 그 과정에서 요한 볼프강 폰 괴테의 작품 《색채론》의 인용문이 떠올랐다.[71]

괴테는 위대한 작가이자 학자였다. 색채이론에 관한 이 작품에서 그는 색채를 관조하면서 얻는 경험을 줄곧 서술한다. "본 것이 만질 수 있는 것으로 탈바꿈하는", "가장 날카로운 감각, 시각은" 괴테가 보기에 "가장 무딘, 촉각으로 변해, 우리에게 그것을 이해할 수 있게 해야 한다." 색은 "이 경우에 만질 수 있는 한에서만 존재한다." 이것을 어떻게 이해해야 하나? 나는 이것을, 우리가 시각을 넘어 촉각으로, 시각에서 촉각, 아니 온몸으로 느끼고, 만지는 것으로 옮겨 가야 한다고 이해한다.

우리는 시각이 우리의 가장 날카로운 감각이라는 것을 알고 있지 않은가. 시각은 가장 빈번히 사용되는 가장 잘 발달된 감각이다. 봄으로써 우리는 재빨리 대상에 대한 의견을 갖는다. 대상을 보는 것과 본 것에 관한 빠르고 지적인 이해는 밀접히 연결되어 있다. 대상에 대한 순전한 "시각적 경험"은, 그림 같은 경우에는 표면적인 것에 그칠 수 있다. 우리는 너무 빨리 그림을 이해했다고 생각한다. 그러나 진짜 깊은 곳으로 가려면, 색채와 형태들의 배경을 탐구하기 위해서는 더 많은 것이 필요하다. 촉각은 훨씬 덜 날카롭고 덜 분명하다. 촉각은 느리고, 조심스레 탐색한다. 손이 지극히 섬세한 기관임에도 촉각은, 말로 특히 지적인 용어들로 표현하기가 훨씬 어렵다. 그러나 우리는 손으로만 촉감을 갖는 것이 아니라, 온몸으로 느끼고, 촉감을 생각으로, 감정으로, 직관으로 치환할 수 있다. 내 말은, 직관도 일종의 촉각이라는 말이다. 그러니까 괴테는 그림을 체험하는 것과 관련해 우리에게 요구한다. 지적인 눈만이 아니라, 온몸으로, 우리가 가진 모든 감각과 정신의 기능을 동원하여 느끼라고.

어쩌면 융도 다음의 질문에 이와 비슷하게 대답하고 싶었는지 모르겠다. "그런데 나는 대체 왜 환자들에게 붓, 연필 혹은 펜을 사용하여 자신을 표현하도록 격려하는가? 이것은 무엇보다 효과를 경험하게 하기 위해서다." 그는 자신의 환자들이 객관적으로 알려지지 않은 재료들과 그들의 주관적인, 아직 무의식의 영역에 있는 것들에 애서 접근하기를 원했다. 그들이 존재를 확장하는 경험으로 충격을 받고, 흔들리기를 원했다.

융의 환자들이 어떤 식으로 그림과 스케치에 대한 요구를 실현했는지, 한 50대 여성의 그림을 예로 보여주고자 한다. 나는 이 여성을 A.라고 부르겠다. 대개 아카이브의 그림들에는 아주 짧은 설명이 붙어 있거나 아무 설명도 없는 경우가 많다. 여기서 소개할 이 여성의 연작은 아카이브로서는 '행운'이다. 2년여 기간 동안 그려진 90점이 넘는 그림들은 뒷면에 지극히 개인적인, 그림에 대한 설명이 덧붙어 있다. 텍스트들은 즉흥적이고, 오늘날 그것을 읽는 사람들이 잘 이해하지 못할 만큼 비약이 잦다. 원본은 영어로 쓰였으나, 여기서는 독일어 번역을 사용하겠다. 영어 텍스트에서 A.는 융을 'you'라고 지칭한다. 그것이 환자 내면의 인물들 중 융의 형상을 지녔으나 융이 아닌 어떤 인물을 지칭하는지 아니면 그녀의 확고한 분석가 융을 말하는지, 우리는 알 수 없다. 나는 'you'를 '너'로 번역했다. 글쓴이의 즉흥적이고 감정적인 언어에 그것이 더 적합하다고 보았다.

A.는 사례 39[72]로 분류된 이 연작에서 그림을 그리도록 동기를 부여하거나 거꾸로 그림으로부터 유발된 꿈, 감정, 환상을 묘사한다. 특정한 시퀀스들은 융이 정의한 것에 부합하는[73] 진짜 적극적 상상이다. 하나의 그림이 상상을 통해 다른 것으로부터 발전하고, 함께 적힌 문구도 전작으로부터 이어 전개된다.

특별히 흥미로운 것은 A.가 그녀의 분석가인 융에게, 그리고 융이 그녀에게 직접 말하는 부분들이다. 그녀는 분석 기간 동안 줄곧 그와 내면의 대화를 한 것으로 보인다. 우리는 여러 곳에서 강하고, 자주 에로틱하게 채색된 전이 환상을 보고 느낄 수 있다. 이 대화가 단지 A.의 환상 속에서 이뤄진 것인지, 융과의 대화가 구체적이었는지는 알 수 없다. 그러나 우리는 그 둘의 혼합을 텍스트에서 확실히 찾을 수 있다. (우리는 융이 그의 환자들과 그림들에 대한 의견을 교환했음을 알고 있다. 보관된 융의 환자들의 그림들은 융 자신의 그림들과 유사성을 보인다.) A.의 그림과 텍스트들은 여하튼 우리에게 치료과정에서 일어난 심층적이고 내밀한 사건을 조심스레 살펴보게 해준다.

그녀의 첫 채색화(이 책에는 수록되지 않음)에서 A.는 그림을 그리기 위해 기울이는 노력에 관해 서술한다.

1927년 가을

가을 내내 내게는 상상으로부터 출발해 스케치하거나 그린다는 것이 상당히 불가능해 보였다. 나는 마비된 듯했다. 첫 일곱 번의 시도는 나의 마음과 동떨어진 절망적인 노력이었고 내게 거의 아무런 의미가 없었다. 스케치들은 열두 살배기가 그린 시시하고 조그만 그림들처럼 보였다. 그러나 진솔한 시도이긴 했다. 여기 이것들이 그저 장식에 불과한 것에 비하면.

A.가 그림을 그리며 느낀 고충이 이 글에 드러난다. 거부감과 스스로의 능력에 대한 의심은 환자나 의뢰인들이 그들의 내면을 그림으로 표현하라는 권유를 받을 때 거의 예외 없이 보이는 현상이다. 자신을 내어줄 만큼 그림에 몰두하는 과정이 쉽지 않은 것은 융의 시대나 오늘날에나 마찬가지인 듯하다.

그러나, 다음 그림(그림 74)과 그에 속하는 텍스트에서 A.는 이미 많은 것을 표현한다. 그녀는 50대이며, 두려움을 느끼지만 손잡이가 없는 가파른 계단을 오를 만큼의 용기는 있다. 우리는 그녀가 섬세하고 인내심 강한 사람이라는 것 역시 볼 수 있다. 내게는 즉 치밀하면서도 견고한 남성적 양각표면이 두드러지는 사원과 담을 표현한 방식이 부드러운 색채로 그려진 유동적이고 여성스러운 배경과 대조되어 인상적이다. 그림의 중앙에, 소위 이 대조적인 것들의 교차점인 담 위에, 사원으로 가는 비탈진 경사 위에 A.가 나타난다.

그림 74 뒷면의 텍스트

나는 꿈을 꾸었다. 상당히 좁고 긴 계단을 오르는 꿈이었다. 무너질 듯 커다란 마름돌들―붙잡을 곳이 없어 떨어질까 두려움. 50세라는 나이와 연관이 있는, 반쯤 되는 곳에서 나는 멈춘다. 그리고 나서 계속해서 오른다. 맨 꼭대기에 사원의 입구가 있다. 거기서 높은 사제가 나를 맞으러 기다린다.

이어지는 그림(그림 75)은 색이나 형태 모두 매우 강렬하고, 구도는 정적이며, 포스터 방식으로 그려졌다. 두껍게 덧칠한 색채에서 강한 빛이 뿜어나온다. 명도가 다른 두 개의 붉은색과 불꽃 같은 오렌지색의 검이 우리를 마주 보며 빛난다. 진한 초록색의 바닥과 짙은 파란색의 배경 앞에서 인물은 내게 품위 있는 무엇, 성스럽고, 남성적인 것, 그러나 또 그것을 넘어 여성적인 어떤 것을 지닌 듯 보인다. 강렬한 눈, 검과 색채들이 더할 수 없이 매혹적이다. 어떤 무의식의 깊이로부터, 담 위의 가녀린 여인은 이런 그림을 그릴 힘을 얻었는가. 어쩌면 그녀에게 검을 주었다는, 그녀의 아버지로부터인가?

"그런데 나는 대체 왜 환자들에게 붓, 연필 혹은 펜을 사용하여 자신을 표현하도록 격려하는가?"

그림 74 작가 미상, 무제, 뒷면에 텍스트, 1928. 1. 17
종이에 과슈, 29x23cm
퀴스나흐트, 취리히 C. G. 융 연구소, 그림 아카이브, 039 BMAH

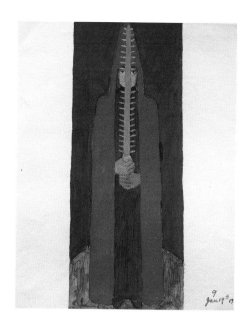

그림 75

그림 76

그림 77

그림 75 뒷면의 텍스트
나는 나를 위로할 사제처럼, 인상적인 것을 상상할 능력이 없으므로 이 음경 모양의, 주홍빛 인물이 내가 끌어낼 수 있는 최상의 것이다. 그러니까 이것은 원래 내가 그리려던 타오르는 검에서 내 아버지가 아프리카에서 가져온 검으로 모양이 바뀌었다.

튤립이 있는 그림(그림 76)에 대해서는 융의 언급이 있다.[74] 그러나 내 느낌과 거듭되는 생각을 따른다면, 나는 여기서 그리고 다음에서도, 물총새가 그려진 미학적으로 매우 아름다운 그림(그림 77)을 주목한다. 검을 든 붉은 인물 안에서 유발되었을 매우 강렬한 감정을 결합하고 견뎌내려는 시도로서.

그림 76 뒷면의 텍스트
너는 내가 사원에 들어선 다음에 보게 될 것을 그리는 게 좋겠다고 제안했다. 거기가 천국일 수 있으리라는 미친 생각과 더불어. 내가 보기에는, 원이 그것을 구현할 유일한 방법일 듯하다. 나는 창조와 실현이라는 생각을 가지고, 중심에 자라는 꽃을 그려 넣는다.

그림 77 뒷면의 텍스트
여전히 천국, 실현, 혹은 최상의 성취를 표현할 것을 생각하며, 나는 동·서·남·북을 가리키는 이 물총새의 그림을 그린다.

A.는 엿새 만에 이 두 그림(그림 76, 77)과 4점의 더 단순하고 추상적인 그림들(그림 78, 79, 80, 81)을 그린다. 이 6점의 그림들은 모두 공간 안에서 강하게 중심을 향하는 구도를 보여준다. 정신의 에너지를 결합하는 원과 정방형은 A.가 위험에 처했다는 암시일 수 있다. 천국, 사원과 사제의 그림들이 불러일으킨 무의식적이고 세분화하지 않은 상태의, 아마도 걷잡을 수 없이 자라난 환상들에 그녀는 압도당하고 있는 것이다. 내 생각에 A.는 이 중심지향의 그림들을 매우 본능적으로 그렸을 것 같다. 붓은 그녀가 자신의 중심으로 되돌아가도록 그녀의 강한 감정에 적합한 형태를 부여한다. 이 소품들에는 설명이 없다. 아마도 일어난 사건에 대해 어떤 말이 필요 없었을 것이다. 그리고 나서 아마도 융으로 추측되는 누군가가 암시했을 것이다(그림 82). "천국으로 올라가기에는" 너무 이르며 A.는 우선 "신비 의식에 관심을 가져야" 한다고. 내가 보기에, 그는

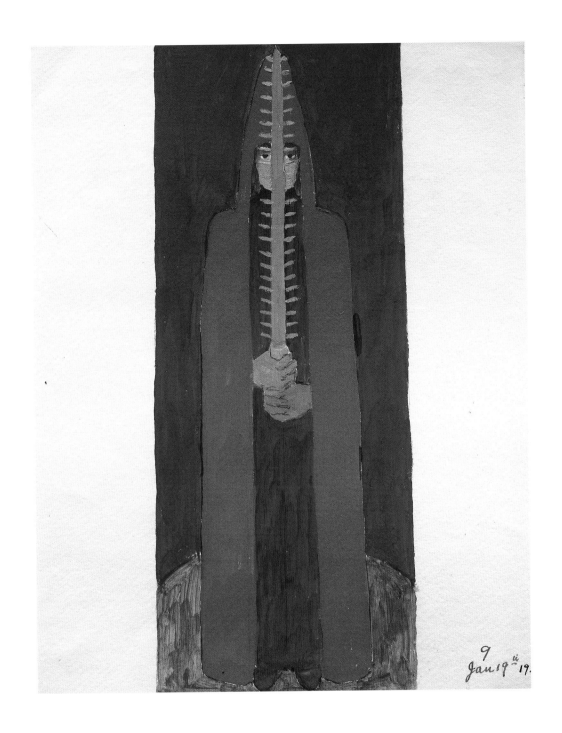

그림 75 작가 미상, 무제, 뒷면에 텍스트, 1928. 1. 19
종이에 과슈, 29x23cm
퀴스나흐트, 취리히 C. G. 융 연구소, 그림 아카이브, 039 BMAI

그림 76 작가 미상, 무제, 뒷면에 텍스트, 1928. 1. 21
종이에 과슈, 29x23cm
퀴스나흐트, 취리히 C. G. 융 연구소, 그림 아카이브, 039 BMAK

"그런데 나는 대체 왜 환자들에게 붓, 연필 혹은 펜을 사용하여 자신을 표현하도록 격려하는가?"   107

그림 77　작가 미상, 무제, 뒷면에 텍스트, 1928. 1. 22
종이에 과슈, 29x23cm
퀴스나흐트, 취리히 C. G. 융 연구소, 그림 아카이브, 039 BMAL

그림 78　오른쪽: 작가 미상, 무제,
뒷면에 텍스트, 1928. 1. 23
종이에 과슈, 29x23cm
퀴스나흐트, 취리히 C. G. 융 연구소
그림 아카이브, 039 BMAM

그림 79　오른쪽: 작가 미상, 무제,
뒷면에 텍스트, 1928. 1. 24
종이에 과슈, 29x23cm
퀴스나흐트, 취리히 C. G. 융 연구소
그림 아카이브, 039 BMAN

그림 80　오른쪽: 작가 미상, 무제,
뒷면에 텍스트, 1928. 1. 24
종이에 과슈, 29x23cm
퀴스나흐트, 취리히 C. G. 융 연구소
그림 아카이브, 039 BMAO

그림 81　오른쪽: 작가 미상, 무제,
뒷면에 텍스트, 1928. 1. 25
종이에 과슈, 29x23cm
퀴스나흐트, 취리히 C. G. 융 연구소
그림 아카이브, 039 BMAP

그림 78

그림 79

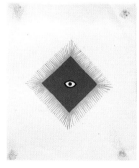

그림 80

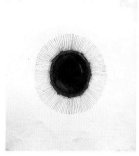

그림 81

그림 82

데메테르-신비 의식을, 그러니까 여성의 비밀로의 입문을 생각했을 것이다.[75] 나는 이렇게 표현하고 싶다. 모든 사원이나 탑은 땅 위에 견고한 기반이 필요하다. 높게 지어진 사원일수록, 땅에 더 깊숙이 기반을 두어야 한다. 그래서 A.는 이제 그녀의 여성성에 관심을 가지며 '아래'를 염두에 둘 수밖에 없었을 것이다. 싹이 돋아나는 밀알의 단면을 그린 그림(그림 82)은 아름답다. 섬세하게 세분화한 색들과 유동적인 내면의 형태들이 두 개의 정방형 안에 들어있다. 낟알 안의 초록색 싹은 붉은 형상의 검과 비슷한 모양이다.

45도 각도로 겹쳐 있는 두 개의 파란 정방형은 팔각형을 만들어, 대지를 상징하는 정방형에서 하늘을 상징하는 원으로 이어진다. 우리는 기독교 침례교의 세례반洗禮盤에서, 새로운 시작과 부활의 형태로서의 팔각형을 볼 수 있다. A.가 그녀의 그림의 깊은 상징을 알

고 있었을까?

―――――――――――――

그림 82 뒷면의 텍스트
너는 천국은 너무 이르다고 생각했다. 나는 밀 낟알의 성장을 그리려고 한다.

―――――――――――――

다음 그림(그림 83)에는 덧붙인 말이 없고 말이 필요하지도 않다. 그러나 나는 암시를 허용하려 한다. 이 그림은 A.의 다른 많은 그림들처럼 그녀가 살던 시대를 암시하고 있다. 그림은 1920~1940년 무렵 유행했던 유겐트 양식과 밀접한, 아르 데코 요소들을 강하게 품고 있다.

다음 그림(그림 84)과 그 텍스트도 그렇다. 우리 눈앞의 형태와 색채들은 얼마나 부드럽고, 감각적인가!

"그런데 나는 대체 왜 환자들에게 붓, 연필 혹은 펜을 사용하여 자신을 표현하도록 격려하는가?"

그림 82 작가 미상, 무제, 뒷면에 텍스트, 1928. 1. 27
종이에 과슈, 29x23cm
퀴스나흐트, 취리히 C. G. 융 연구소, 그림 아카이브, 039 BMAQ

내면의 그림

그림 83 작가 미상, 무제, 뒷면에 텍스트, 1928. 1. 29
종이에 과슈, 29x23cm
퀴스나흐트, 취리히 C. G. 융 연구소, 그림 아카이브, 039 BMAR

"그런데 나는 대체 왜 환자들에게 붓, 연필 혹은 펜을 사용하여 자신을 표현하도록 격려하는가?"   111

그림 84 작가 미상, 무제, 뒷면에 텍스트, 1928. 1. 30
종이에 과슈, 29x23cm
퀴스나흐트, 취리히 C. G. 융 연구소, 그림 아카이브, 039 BMAS

그림 84 뒷면의 텍스트
내가 어떻게 느끼기 시작했는가에 대한 그림이다. 이제 막 피어나는, 매우 성적이고, 여성적인 깊이.

그럼에도 며칠 안 되어 상황은 바뀐다. 내 생각에는 A.의 깨어나는 여성성과 성적 욕구가 분석가에 대한 그녀의 환상을 매우 활성화했을 듯하다. 놀랄 것도 없는 것이, 융은 당시 50세가 조금 넘었을 뿐이었고 분명 매력적인 남성이었을 테니 많은 환자들의 투사대상이 된 것이 사실이다. 그러나 나는 아래 그림 85에 대한 텍스트는 융 스스로가 아닌, A.의 "내면의 융"에 의해 인용되었을 것으로 생각한다.

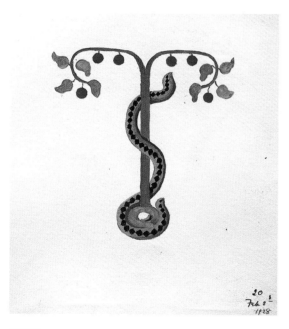

그림 85

그림 85 뒷면의 텍스트
너는 내게, 내가 계속해서 사원 안으로 들어가야 한다고 말한다. 먼저 거기에는 불이 깜빡이는 긴 복도가 있다. 내가 그린, 상징적인 형태의. 갑자기 나는 희미하지만 확실하게 휘감는 뱀을 본다. 검은 점이 있는 갈색 뱀이다. 내 심장은 놀라서 더이상 갈 수 없을 만큼 거칠게 뛰고, 이 그림을 그려야만 한다. 나는 알을 명료하게 그리려고 유독 공을 들였다.

물론 형상화된 사과나무와 뱀을 보면 낙원의 유혹을 생각하게 된다. 그럼에도 텍스트를 보자. A.는 아마도 그녀의 상상들을 따라가다가 뱀이 나타나 큰 충격을 받았을 것이다. 성적인 감정을 멈추기 위해 이 그림을 그려야 할 정도로. 이 그림에서 뱀은 아직 얼굴이 없다.
그러나 다음 그림에서(그림 86) 뱀은 얼굴을 보여준다. 공포를 불러일으키는, 으스스한 뱀은 이중적이고 불쾌한 느낌도 든다. A.는 뱀을 남성적이라고 간주하지만, 오래 바라보면 남성적이면서도 여성적이다. 위험한 얼굴은 남성적이고, 몸은 여성적이다.
뱀 뒤에서 우리는 유령과 비슷한 투명한 존재가 가슴에 양손을 엇갈려 포개고 있는 모습을 발견한다. 폭력적인 뱀의 에너지로부터 자신을 지키려는 듯 보인다.

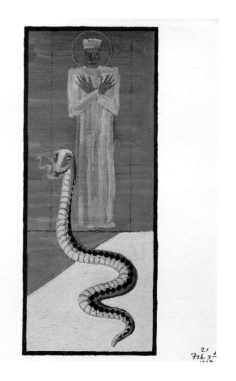

그림 86

"그런데 나는 대체 왜 환자들에게 붓, 연필 혹은 펜을 사용하여 자신을 표현하도록 격려하는가?"

그림 85 작가 미상, 무제, 뒷면에 텍스트, 1928. 2. 2
종이에 과슈, 29x23cm
퀴스나흐트, 취리히 C. G. 융 연구소, 그림 아카이브, 039 BMAT

그림 86 작가 미상, 무제, 뒷면에 텍스트, 1928. 2. 3
종이에 과슈, 29x23cm
퀴스나흐트, 취리히 C. G. 융 연구소, 그림 아카이브, 039 BMAU

"그런데 나는 대체 왜 환자들에게 붓, 연필 혹은 펜을 사용하여 자신을 표현하도록 격려하는가?"

그림 86의 뒷면의 텍스트

복도 하나가 매우 경사진 돌계단으로 이어진다. 나는 넘어질 뻔했다. 복도 끝에는 높고, 벽이 어두운, 아름답고 커다란 방이 있다. 너는 빛 속에 서 있다. 너는 매우 부드럽게 말한다. "봐, 이게 다야, 있는 거라고는."

나는 네가 나에게 아주 친절하게 용기를 주려 한다는 것을 이해한다. 그러나 내가 혼자 가야 한다는 것도 안다. 그러므로 나는 뱀과 마주할 것만 같은 그늘을 마주하고 간다. 벽의 높은 곳에는 그림이 하나 걸려 있다. 초자연적인 형체가 그려진 일종의 벽화다. 그 아래쪽에서 나는 뱀을 본다, 거대하고 추한, 노란 점이 있는 뱀이 똬리를 튼 채 고개를 처들고 있다. 나는 가까이 다가간다. 혐오스럽게, 나는 그를(원어 'him', 그 말은 뱀이 남성이라는 것) 만져야 한다. 그리고 갑자기 내가 굉장히 성적으로 흥분했다는 것을 깨닫는다. 나는 계속해서 가고 싶다. 그러나 내 주위의 모든 것이 어둡다. 이 공포 속에 나는 홀로 있다. 갑자기 문이 열리고 로지아가 나타난다. 빛으로 가득한 로지아의 가장 깊숙한 곳에서 르네상스의 천사 같은 어여쁜 아기가 나를 향해 다가온다. 기둥 위로는 르네상스 장식들이 있다. 나는 감동을 받고 감성이 풍부해진다. 그러나 갑자기 현실을 깨닫는다. 이것은 단지 프로이트적인 꿈을 충족시키는 공간일 뿐이다. 그리고 다시 현실로 돌아온 것처럼 느낀다.

우리가 처음에 인용했던 융의 인용문인 "나는 대체 왜 특정 발단 단계에 있는 환자들에게 붓, 연필 혹은 펜을 사용하여 자신을 표현하도록 격려하는가? 이것은 무엇보다 효과를 경험하게 하기 위해서다"로 돌아가면, 우리는 명백히 A.의 이 그림에서 그녀의 무의식으로부터 솟아오른 그림들의 감정적이고 육체적인 효과를 볼 수 있다. 전적으로 치료적인 대화에서도 감정을 유발할 수 있겠지만, 절대로 이렇게 압도적인, 색채와 형태를 강화하는 방식으로는 아니다. 그러나 적극적 상상의 방식 혹은 무의식을 의식으로 떠오르게 하기, 내면

의 그림들을 그리는 것이 무용한 것만은 아니라는 사실도 알 수 있다. 이 과정에서 몸과 마음의 역동성, 뱀의 그림에서처럼 혼자 감당하고 변화할 수 없는 정신적이고 전일적이며 육체적인 힘이 생겨난다. A. 역시 그녀의 의사, 혹은 분석가의 도움이 필요했다. 그럼에도 텍스트 안에서 그녀의 반응은 돋보인다. 그녀는 공포를 눌러야 했다. 그녀의 감정을 끌어 내려야 했다는 말이다. "프로이트적인 욕망충족의 생각"으로 폄하함으로써 그것을 견디기 위해.

다시 한번 사과나무와 뱀의 그림으로 돌아가 보자(그림 85).

그림을 그리면서 A.는 나무 밑동의 알에 큰 의미를 둔다. 알은 그녀에게 매우 중요하다. 왜냐하면 그것은—그녀는 아직 의식 못 하고 있으나(아마도 무의식적으로)—그녀의 새로운 인격의 싹 혹은 그녀의 남성적이며 여성-모성적인 면을 품고 있다. 이 22점의 그림 연작에서 매일 한 점씩, 알에서 아기가, 작은 소년이, 그리고 성인 남자가 나오고 이 내면의 형상들과 여성으로서의 그녀의 관계가 전개된다.

지면상 이 그림들을 여기서 다 보여주는 것은 불가능하다. 그러나 관심이 있는 독자들은 그림 아카이브를 방문해 보시라. 이제 1928년 2월 3일에서 3월 23일의 그림 87로 넘어가겠다.

A.는 또다시 그녀의 분석가에게 말한다.

그림 87 뒷면의 텍스트

그러나 내가 다시 집으로 오면, 너는 없다. 커튼이 바람에 날린다. 텅 비고 불안하다. 혼란스럽고 비참하고, 나는 네가 또다시 아래의 사원으로 갔을 거라고 믿는다. 나는 자문한다, 어째서 남자들은 사원을 집보다 더 좋아할까. 나는 여기서 멈추고 너를 따른다. 붉은 기둥이 천국의 사원을 연상시킨다. 수줍게 나는 안으로 발을 딛는다. 커다란 공간, 내가 너를 본 큰 방은 비어 있다. 왼쪽의 커튼 뒤에는 작은 문이 숨겨져 있다. 나는 다른 커다란 방으로 간다. 무척 어둡고, 검붉은 곳이다. 나는 거대하고 붉은 소파를 본다. 그리고 바로 문 반

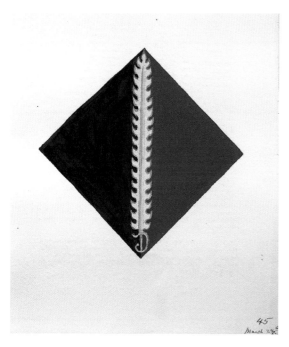

그림 87

대편에 무대에서 조명을 받는 듯한 검이 있다. 거대한 지구본도 있다. 지구본이 매달려 있는 틀이 중심을 넘어 높이 이어진다. 나는 매우 소외된 듯 느끼며 이사도라 던컨이 흔쾌히 춤을 추었을 것 같은 공간이라고 생각한다. 그러나 내 맘에 들지는 않는다. 검이 매달린 커튼 뒤편의 벽에서 갑자기 작고 흰 어린 고양이가 나타나 나를 올려다보더니 몸을 돌려 다시 검 뒤로 사라진다.

아마도 복도가 있나 보다. 나는 고양이를 뒤쫓아가 또 하나의, 아주 어두운 방을 발견한다. 거기서 푸른 외투의 팔에서 빠져나온 너의 손을 발견하고 말할 수 없는 안도감을 느낀다. 내가 그 손을 잡자 네가 손을 잡고 다가와 내 옆에 앉는다. 너무나 기쁘고 행복해하는 나에게 너는 맞은편 끝의 희미하게 빛이 아른거리는 어떤 문을 가리킨다. 나는 천국의 사원처럼 푸른 건물을 본다. 나는 그것이 정말 있다고 상상하고, 네가 원 안에 서 있는 것을 본다. 하늘 저편은 열려 있고, 지배자가 거기 무릎을 꿇고 있다.

그러나 모든 것이 틀렸다. 검이 그려진 그림의 간극은 지나치게 크다. 나는 너무 단순하다. 너무나 혼란스럽고 절망스럽다. 나는 몇 달 휴가를 다녀오라고 보내졌다. 볼프 여사는 충격을 완화하기 위해 친절하게 나를 몇 차례 돌봐준다.

A.는 그녀의 상상들에서 벗어난 듯하다. 융은 사라진다. 아마도 휴가를 떠나거나 혹은 연구에 더 몰두하기 위해 볼링겐의 탑 안으로 돌아갔을 것이다. A.는 현실에 맞선다. 그녀는 완전히 혼란스럽고 절망스럽다. 융이 그녀를 '떠났다'는 실망 속에서 그녀는 자신의 그림을, 스스로를 부정적으로 본다. 실제로 검劍은 대립하는 빨강과 파랑을 분리한다. 적극과 능동을, 남성적인 것과 여성적인 것을. 빨강은 튀어 오르고 파랑은 물러난다. 빨강과 파랑의 많은 대립적인 양상이 검을 통해 나뉜다. 톱니 모양의 검은 매우 진부해 보이지만 지퍼처럼 그 둘을 연결하기도 한다. 우리가 텍스트에서 읽을 수 있듯, 실제 상황에서 토니 볼프는 융과의 중단된 관계를 연결한다.

3월부터 10월 사이에 A.는 많은 그림을 그리고 짧은 텍스트들을 쓴다. 융에 대한 언급은 없다. 단 한 번 그녀는 환상을 가지고 그림 88을 그린다. 거의 천진한 단순함을 지닌 이 그림에는 뭔가 감동적인 것이 있다. 당연히 뱀이 사과나무를 휘감는 그림 85와 연결했기에 사과에서 에로틱함이 묻어난다고 볼 수도 있다. 그것들은 매우 둥글고, 매혹적이고, 매우 감각적이다. 그럼에도 분석가에게 우리나라의 시조 과일인 사과가 가득 담긴 소박한 그릇을 가져다주려는 제스처는 너무나 인간적이다. 사원, 천국, 거대한 투사, 과도한 전이의 그림들로부터 멀리 벗어나 더할 수 없이 감동적이다. A.의 그림에 따뜻하고 다정한 느낌을 받게 될 정도다. 나는 토니 볼프가 A. 안에 있는 토착적인 면을 새로이 일깨우고 발전시켰으리라 생각한다.

석 달 동안 그림도 텍스트도 없는 휴가를 보낸 A.는 1928년 10월에 두 번째 분석과정을 시작한다. 나는 다시 1929년 4월의 그림 한 편(그림 89)을 더 선택하겠다.

45
March 24/25

그림 87 작가 미상. 무제. 뒷면에 텍스트. 1928. 3. 24
종이에 과슈, 29x23cm
퀴스나흐트, 취리히 C. G. 융 연구소, 그림 아카이브, 039 BMBU

그림 88

그림 89

연작에 속한, 마지막 그림들 중 하나인 그림 89다. 그림에 덧붙여진 글은 침울하다. 그러나 전체적인 그림과 앞선 글을 알고 있기에 좀 덜 어둡게 그림을 해석하고자 한다. 이것은 A.의 그림들 중 내가 가장 좋아하는 그림이며 믿을 수 없는 에너지를 발산한다. 진한 색채들이 화폭을 가득 채운다. 흰 부분이 남지 않도록 캔버스를 마음껏 쓴다. 연두색 등줄기가 있는 로열 블루의 '괴물'은 어두운 왼편 구석에서 빛으로 나와 해를 등지고 있으나, 단순히 어둠 속으로 돌아가지 않고 관조자를 정면으로 마주본다. 우리와 접촉하는 것이다. 눈은 스포트라이트 같다. 그 눈은 우리에게 무엇을 말하는가?

그림 속의 색채를 보면 그림 12에서 검으로 나뉘었던 (혹은 연결된) 선명한 빨강과 파랑 중에 파란색은 파충류의 몸에 쓰였다. 그러나 남성적이고 적극적이며 공격적인 빨강은 상이한 형태로 나타난다. 가벼운 윗부분은 밝은 빨강, 그리고 노란색이 섞인 밝고 환한 주황색으로 칠해져 빛과 낮의 인상을 준다. 무거운 아래쪽은 짙은 빨강과 파랑이 섞인 어두운 보라색으로, 또다

시 땅, 어둠, 밤을 대변한다. 그림 안에는 강한 대립의 항들이 있다. 상-하, 가벼움-무거움, 밝은 오렌지-짙은 보라, 낮-밤.

그리고 나서 왼쪽 아래의 어두운 원이 우리 눈에 들어온다. 원은 괴물의 꼬리가 만들어내는 것일 수 있고 보라색에서 잘려 나오는 것일 수도 있다. 오른쪽 위에는 선명한 오렌지색의 원, 해가 있다. 두 개의 원 사이에 존재하는 강한 긴장감을 어두운 무의식과 빛나는 의식 사이의 긴장이라고 말할 수 있을 것이다.

괴물은 어두운 지하세계 안에 좀 더 깊이 붙잡혀 있는 것으로 보이지만, 얼마나 생동감 넘치게 위의 세계로부터 한 줄기 빛을 가져오는가!

그림 88 뒷면의 텍스트
나는 인도 그릇에 담긴 수북한 과일을 상상한다. 그것은 나를 상상으로 이끈다. 네가 있는 시골로 너의 탑으로 가는 상상이 나를 행복하게 한다.

"그런데 나는 대체 왜 환자들에게 붓, 연필 혹은 펜을 사용하여 자신을 표현하도록 격려하는가?"

57
June 15ᵗʰ
1928

그림 88 작가 미상, 무제, 뒷면에 텍스트, 1928. 6. 15
종이에 과슈, 29x23cm
퀴스나흐트, 취리히 C. G. 융 연구소, 그림 아카이브, 039 BMCI

그림 89 작가 미상, 무제, 뒷면에 텍스트, 1929. 4월
종이에 과슈, 29x23cm
퀴스나흐트, 취리히 C. G. 융 연구소, 그림 아카이브, 039 BMED

"그런데 나는 대체 왜 환자들에게 붓, 연필 혹은 펜을 사용하여 자신을 표현하도록 격려하는가?" 121

그림 90 작가 미상, 무제, 뒷면에 텍스트, 1929. 6. 16
종이에 과슈, 29x23cm
퀴스나흐트, 취리히 C. G. 융 연구소, 그림 아카이브, 039 BMEK

그림 89의 뒷면의 텍스트
우울과 혼돈으로부터 푸른 공포가 휘감고 올라온다. 내 생각에, 그것은 나의 태고의 생각일 수 있을 것 같다. 너는 그가 낮의 빛을 아마도 견디지 못하고 다시 스치고 돌아갈 거라고 암시한다.

그림 90의 뒷면의 텍스트
이것은 끓어오르는 감정에서 생겨나 이 형태와 색채로 표현되었다. 그러나 나비들은 네가 마테를링크의 《흰개미의 삶La Vie des Termites》과 해마다 반복되는 흰개미의 소모적인 희생을 언급함으로써 유발된 것이다. 믿을 수 없이 검소하고 자기 보존적인 삶을 오래 살아온 후 어떤 날 그들은 붕붕 밖으로 날아간다. 수천 마리의 날개 달린 존재, 그들 대부분은 죽는다. 어쩌면 한 마리만은 살아남을지 모른다.

주목할 것이 더 있다. 괴물의 머리는 원이다. 그 원 역시, 왼쪽 아래의 어두운 원과 오른쪽 위의 해-원을 연결한다. 이 원은 무의식과 의식 사이에서 생겨난 세 번째 원이며, 대립하는 것들의 통합, 새로움, 예기치 못한 것을 그 안에 지니고 있다. 내 상상 속에서 푸른 괴물은 말한다. "나는 의식과 무의식의 내용을 연결하는, 의식과 초월의 기능이야." 융은 이렇게 말했다. "초월의 기능이란 이름 아래 아무것도 비밀스러운 것은 없다. 소위 초 감각성이라든가 형이상학이라고 이해되는 (…)."[76] 이것은 분명 기능 자체에 해당하는 것으로, 기능으로부터 도출되는 결과에는 해당하지 않을 것이다. 의식과 무의식의 내용이 결합함으로써 뭔가 새로운 것을 만들어내는 하나의 그림보다 더 비밀스러운 것이 있을까? A.의 그림 연작은 물론 그림 아카이브의 다른 많은 연작들은 열정과 세심한 정성을 들여 그린, 의식적인 것과 무의식적인 것의 신비로운 결합에서 생성된 비밀들이다. 그리고 그림들은 오늘날까지 누구에게나 잊히지 않는, 어떤 효과를 미친다.
'비밀'은, 전체는 아니고 부분적일지라도, 1929년 6월 16일에 그려진 마지막 그림(그림 90)에서 풀린다. 그림에 대한 해석은 굳이 필요 없을 듯하지만, 나는 그림의 효과에 대해서는 조심스레 살펴보고 싶다.
여성적이고, 우아한 형태―깔때기, 꽃, 나팔꽃?―가 물에서 자라난다. 그것은 습기나 흐르는 것 속에서 양분을 얻는 듯하다. 붉지만, 부드럽고 밝은 주홍색이다. 여성스럽고 감각적이다. 깔때기도 감각적이고 여성적으로 느껴지며, 그림 84의 여성의 성적 형상화를 떠올린다. 내부에서 날개 달린 것들이 셀 수 없이 날아오른다. 마치 날갯짓이 보이고 느껴지는 것만 같다. 그것들은 밝고 빛나고 유희적이다. 그것은 생각인가? 사고의 유희? 꿈? 환상? 투사? 우리는 알 수 없다. 우리가 알고 있는 것은 다만, 그것이 부드럽고, 여성적인 깊이로부터 태어나 다시 물속으로 가까이 간다는 것이다.
나비들은 대부분 죽어 사라질 것이다. 한 마리만은―아마도―살아남을 것이라고, A.는 적는다. 가장 위의 나비일까? 그것은 별처럼 빛나며 밖으로 날아가는 듯하다. 나비가 어디에 내려앉을지 우리는 모른다. 그것은 거의 백 점의 그림을 본 후에도 비밀이다! 그러나, 우리는 A.의 삶의 구체적 맥락을 알지 못함에도 색과 형태와 그녀의 영혼의 언어 속을 깊숙이 들여다보았다. 그녀는 우리에게 많은 것을 주었다. 모든 것을 이해할 필요는 없다 해도 짐작할 수 있고, 만져볼 수 있다. 그렇게 A.는 우리의 기억에 흔적을 남겼다.

성과 육체

도록

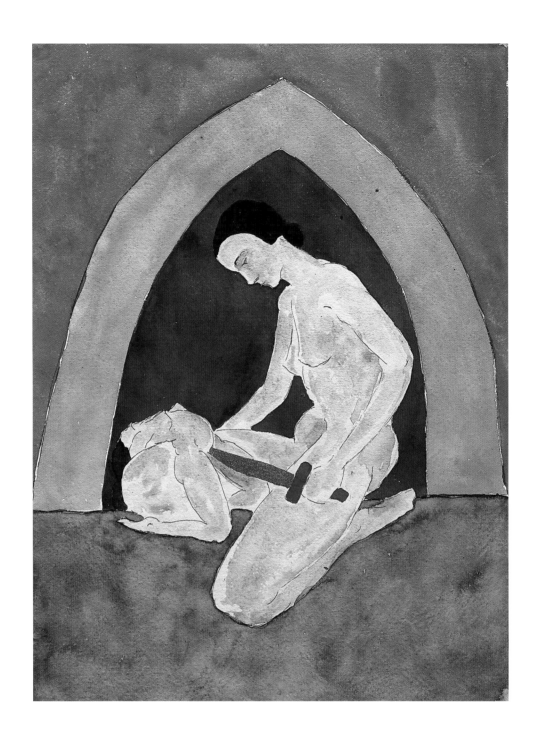

그림 91 작가 미상, 무제, 1936
종이에 과슈, 30x23cm
퀴스나흐트, 취리히 C. G. 융 연구소, 그림 아카이브, 003 ACAM

그림 92 작가 미상, 무제, 1936
종이에 과슈, 30x23cm
퀴스나흐트, 취리히 C. G. 융 연구소, 그림 아카이브, 003 ACAN

그림 93 작가 미상, 무제, 연도 미상
종이에 과슈, 15x9,5cm
퀴스나흐트, 취리히 C. G. 융 연구소
그림 아카이브, 105 EBMK

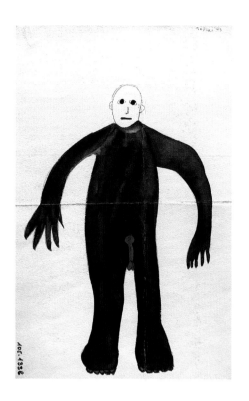

그림 94 작가 미상, 무제, 연도 미상
종이에 과슈, 30x22cm
퀴스나흐트, 취리히 C. G. 융 연구소
그림 아카이브, 005 EBJO

그림 95 작가 미상, 무제, 연도 미상
종이에 과슈, 21,5x30,5cm
퀴스나흐트, 취리히C. G. 융 연구소
그림 아카이브, 105 EAVG

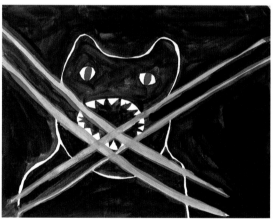

그림 96 작가 미상, 무제, 연도 미상
종이에 과슈, 22x29cm
퀴스나흐트, 취리히 C. G. 융 연구소
그림 아카이브, 105 EBEB

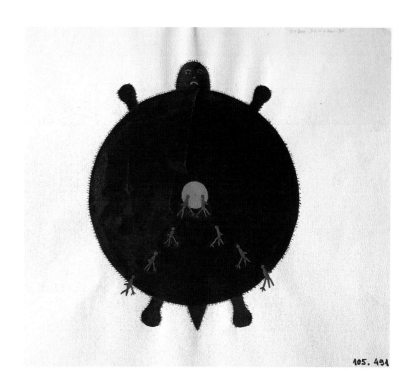

그림 97 작가 미상, 무제, 연도 미상
종이에 과슈, 24x30cm
퀴스나흐트, 취리히 C. G. 융 연구소
그림 아카이브, 105 EAUN

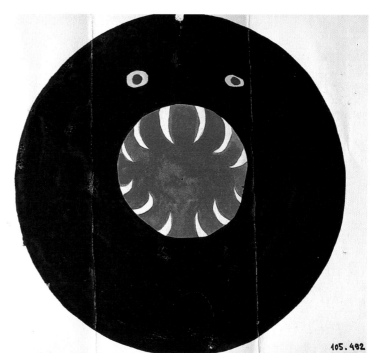

그림 98 작가 미상, 무제, 연도 미상
종이에 과슈, 24x30cm
퀴스나흐트, 취리히 C. G. 융 연구소
그림 아카이브, 105 EAUO

그림 99 작가 미상, 무제, 연도 미상
종이에 수채, 23x17,5cm
퀴스나흐트, 취리히 C. G. 융 연구소, 그림 아카이브, 056 CDAB

그림 100 작가 미상. 무제. 연도 미상
종이에 과슈, 29x21,5cm
퀴스나흐트, 취리히 C. G. 융 연구소, 그림 아카이브, 055 CCAB

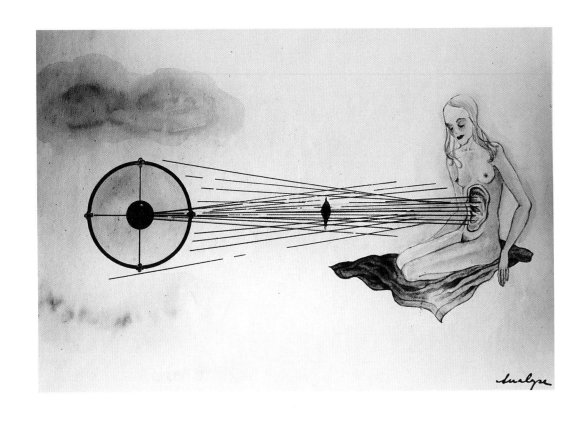

그림 101 작가 미상, 〈분석〉, 연도 미상
사진(원본 수채), 13x18cm
퀴스나흐트, 취리히 C. G. 융 연구소, 그림 아카이브, 064 CLAC

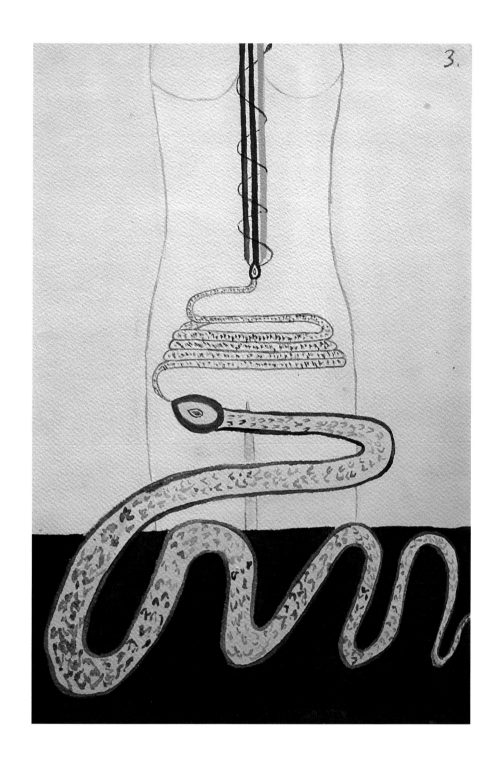

그림 102 작가 미상, 무제, 1928. 11월
종이에 과슈, 31x21cm
퀴스나흐트, 취리히 C. G. 융 연구소, 그림 아카이브, 028 BBAC

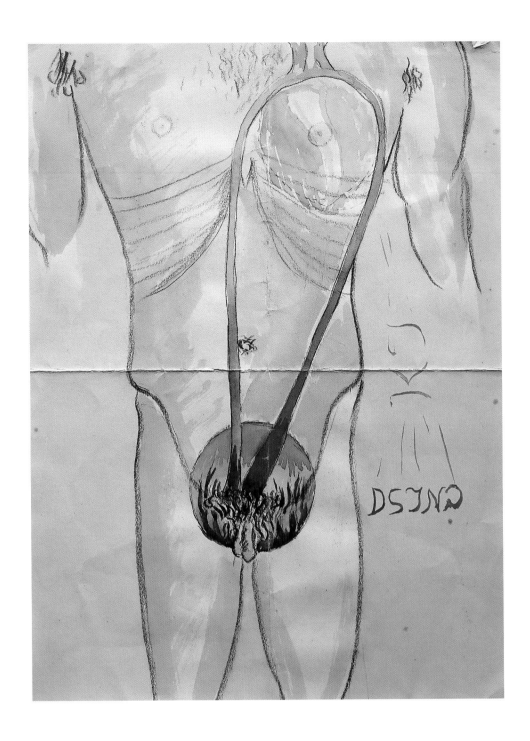

그림 103 작가 미상, 무제, 연도 미상
종이에 과슈, 연필, 36x26,5cm
퀴스나흐트, 취리히 C. G. 융 연구소, 그림 아카이브, 061 CIAB

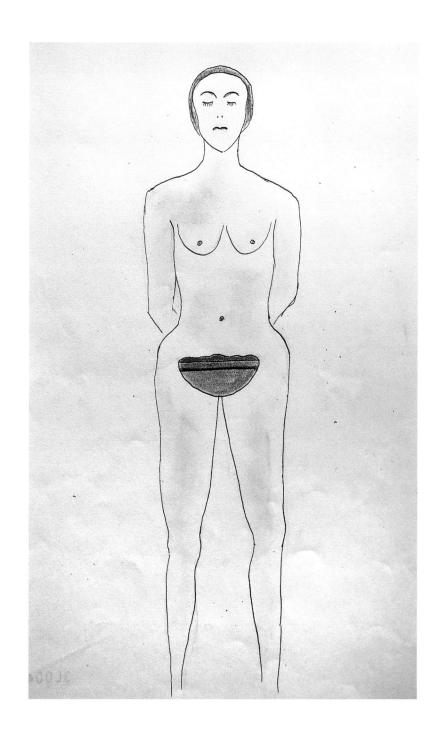

그림 104 작가 미상, 무제, 연도 미상
종이에 연필, 색연필, 29.5x20.5cm
퀴스나흐트, 취리히 C. G. 융 연구소, 그림 아카이브, 030 BDAD

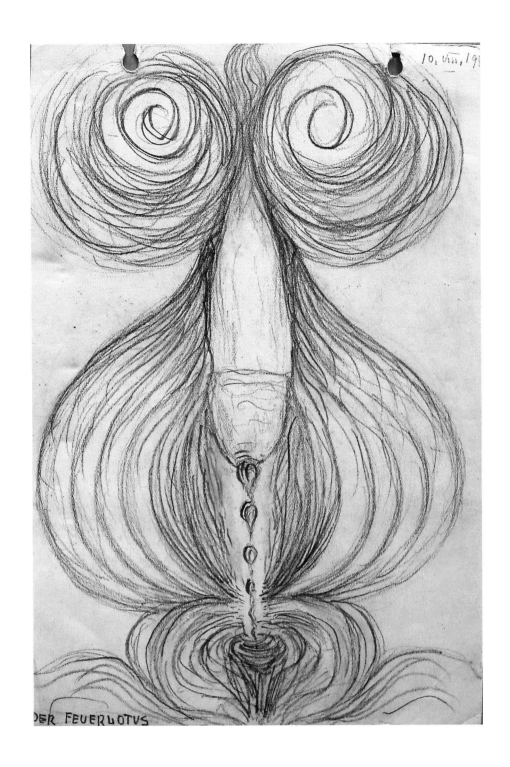

그림 105 작가 미상, 〈불의 연꽃〉, 1940. 8. 10
종이에 연필, 21x14,5cm
퀴스나흐트, 취리히 C. G. 융 연구소, 그림 아카이브, 077 CYDM

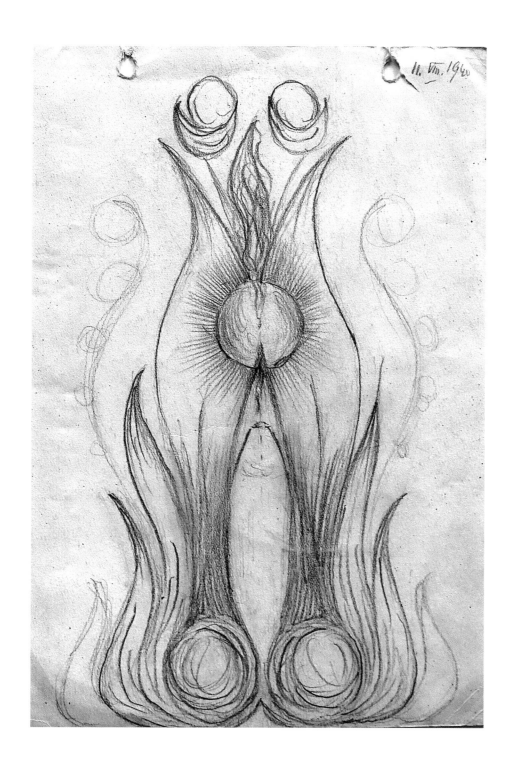

그림 106 작가 미상, 무제, 1940. 8. 11
종이에 연필, 21x14,5cm
퀴스나흐트, 취리히 C. G. 융 연구소, 그림 아카이브, 077 CYDN

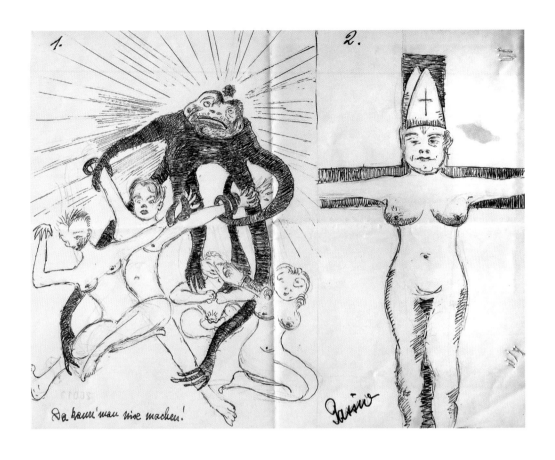

그림 107 작가 미상, 〈문어와 어머니〉, 연도 미상
종이에 연필, 24.5x32cm
퀴스나흐트, 취리히 C. G. 융 연구소, 그림 아카이브, 026 AEAM

그림 108 작가 미상, 〈리바이어던 예수처럼 죽다〉, 연도 미상
종이에 목탄, 58,5x53,5cm
퀴스나흐트, 취리히 C. G. 융 연구소, 그림 아카이브, 034 BHAQ

그림 109(1)　작가 미상, 〈검은 마돈나〉, 연도 미상
종이에 목탄, 58,5x53,5cm
퀴스나흐트, 취리히 C. G. 융 연구소
그림 아카이브, 034 BHAU

그림 109(2)　작가 미상, 무제, 연도 미상
종이에 목탄, 58,5x53,5cm
퀴스나흐트, 취리히 C. G. 융 연구소
그림 아카이브, 034 BHAW

그림 110 작가 미상, 무제, 1934. 9. 22
종이에 과슈, 27x20cm
퀴스나흐트, 취리히 C. G. 융 연구소, 그림 아카이브, 002 ABAM

그림 111 작가 미상, 무제, 1934. 10. 2
종이에 과슈, 19,5x13cm
퀴스나흐트, 취리히 C. G. 융 연구소, 그림 아카이브, 002 ABAP

그림 112 작가 미상, 무제, 1935. 7. 27
종이에 과슈, 23x18cm
퀴스나흐트, 취리히 C. G. 융 연구소, 그림 아카이브, 002 ABFC

그림 113 작가 미상, 무제, 1935. 7. 27
종이에 과슈, 23x18cm
퀴스나흐트, 취리히 C. G. 융 연구소, 그림 아카이브, 002 ABFD

그림 114 작가 미상, 무제, 1936. 4. 25
종이에 과슈, 22,5x18cm
퀴스나흐트, 취리히 C. G. 융 연구소, 그림 아카이브, 002 ABGN

그림 115 작가 미상, 무제, 1936. 5. 12
종이에 과슈, 23x18cm
퀴스나흐트, 취리히 C. G. 융 연구소, 그림 아카이브, 002 ABGO

묵시론의 시대
제2차 세계대전 중의 그림 연작

잉그리트 리델

그림 연작에 관한 일반적인 정보

여기 실린 12점의 그림은 총 28점의 그림으로 이루어진 연작 중의 일부이며, 현재 취리히 C. G. 융 연구소에 Code 041(BO)로 등록되어 있다. 융이 이 그림 연작을 그 자신의 소장품으로 보관하고 있었다는 것은 그와 이 그림들을 그린 사람과의 사이에 치료 목적의 만남이 있었고, 그림들을 가지고 그녀와 자세히 얘기를 나눴다는 것을 의미한다. 그림에 나타난 트라우마적인 전쟁의 경험을 그녀와 함께 치료하려 시도했을 것이다. 그녀는 누구였나? 그림에 대한 개인적인 맥락은 손글씨로 쓴 그림의 제목과 짧은 설명들로 제한된다. 그림을 그린 여성은, 필체에서 엿보이는 세대의 특성을 고려하면 전쟁을, 무엇보다 폭탄이 터지는 전쟁을 독일의 대도시에서 경험하고 살아남은 40대 독일 여성인 것으로 보인다. 그림들에는 1939년에서 1945년까지의 날짜가 붙어 있고, 몇 몇 그림에 1947이라는 연도가 보이므로 이 그림들 중 다수는 아마도 전쟁 직후에, 나머지는 전쟁 중에 그려진 듯하다. 아마 이 여성은 전쟁 직후에 융의 분석치료를 받았을 것이다. 그림들의 구도는 짜임새가 있다. 회화의 기법 측면에서 살펴보면 마분지에 강한 색감의 포스터물감을 사용했다. 그것을 통해서도 연작이 가지는 내면의 무게를 바로 감지할 수 있다. 지금까지 공개되지 않았던 연작은 1998년 취리히 C. G. 융 연구소의 50주년을 기념하여 퀴스나흐트의 춤 회흐후스

갤러리Galerie zum Höchhuss에 전시되었고, 당시 카트린 아스퍼Kathrin Asper의 심리학적 해설이 제공되었다. 그녀의 해설에서 귀중한 암시를 받았음에 감사드린다.

묵시론의 시대

"독일 전역에 폭풍이 불기 시작했다! 1939. 피를 먹고 사는-불의 악마", 그렇게 그림을 그린 여성은 모든 그림의 뒤편에 짧은 글을 적어 넣었다(그림 116). 그녀는 이 그림의 주제 역시 "묵시론의 시대"임을 언급한다. 이 그림은-비록 그림 연작의 중간 단계에 제작된 것이지만-다가오는 것의 비전처럼 작용한다. 그녀는 거기에 1939년이라는 연도를 덧붙인다. 히틀러의 독일이 폴란드를 시작으로 이웃 국가들을 침략함으로써 2차 세계대전이 시작된 해다. 그림을 그린 여성은 독일의 도시들이 동맹국들에 의해 폭파되며 야기된 결과를 경험한다. 독일 어느 도시 시민의 한 사람으로서, "불의 악마"가 나타나 그 와중에 목숨을 잃은 수십만 명의 "피를 먹고 사는" 모습을.

공습과 더불어 당면한 것들은 그녀에게 초인적인 경험이다. 갑작스레 나타나 악마의 형상을 한 '불의 악마'가 휘두르는 폭력은 그림의 왼쪽 위-통상적으로 제

그림 116 작가 미상, 〈묵시론의 시대: 독일 전역에 폭풍이 불기 시작했다! 1939. 피를 먹고 사는−불의 악마〉, 1939
마분지에 과슈, 24,7x17,4cm
퀴스나흐트, 취리히 C. G. 융 연구소, 그림 아카이브, 041 BOAR

어 불가능한, 운명적인 상징을 나타내는 영역—에서 시작된다. 그리고 대각선으로 그림의 오른쪽 아래—욜란데 야코비의 제안 이후 미술 치료적 의미작업에서 볼 때 보호의 공간을 상징하는 영역—를 겨누고 있다. 이는 공간상징론에서 보호의 공간, 즉 그림을 그리는 여성 당사자에게도 공격이 가해졌음을 의미한다. 이 그림은 1942~1945년에 공습으로 인해 일어난 사건들의 미래를 예측하는 것으로 느껴진다.

그러니까, 선한 것을 기대하기 마련인 '하늘'이 여기서는 어두운 운명의 지평으로 탈바꿈하고, 타오르는 악마의 형상은 그림 속의 공간으로 침입한다. 등과 다리의 비늘은 용과 닮은 존재를 떠올린다. 휘어진 꼬리는 그가 솟아 나온 땅으로 되돌아간다. 악마가 솟아오른 분화구, 그곳에서 희생의 불에 가까운 높은 불길이 타오른다.

용을 연상시키는, 불처럼 붉은 생물체가 그림을 장악한다. 연기를 뿜고 있는 불 자체는 용보다 조금 더 차가운, 자주색에 가까운 붉은색을 발한다. 이 불도 땅에서 하늘로 솟구친다. 보기에 따라서는, '타오르는 가시덤불'을 연상할 수도 있겠다. 그렇게 되면 재앙을 알리는 용에 맞서 불은 전혀 다른 가치를 갖게 된다. 나중에 보겠지만, 이 연작을 그린 여성이 깊은 종교적 믿음을 가졌다는 점을 고려하면 불가능한 해석은 아닐 것이다.

그럼에도 다시 용의 존재로 돌아가 보면, 에너지의 흐름은 꼭대기에서 루핑처럼 왼쪽으로 휘어졌다 다시 되돌아 앞으로 나오며 오른쪽 아래를 향해, 돌연 선명하게 비행기의 형태로 변해 불의 색으로 폭발물을 살포한다. 자주색의 활활 타오르는 불길을 지나, 그림의 오른쪽 아래를 겨냥한다. 이미 말했듯, 공간상징학에서 그림의 오른쪽 아래는 특히 보호, 모성적인 삶의 공간, 고향을 상징한다. 이곳을 폭격당함으로써, 그녀는 감정적으로 이 그림을 그리는 과정이 필요했을 것이다. 그럼에도 집, 고향이라는 보호의 공간이 무너지는, 학살의 전쟁에 대한 집단적 상징학을 객관적으로 해석에 적용할 만큼, 그녀의 삶에 관한 개인적인 정보가 우리

에게는 없다. 이러한 해석이 폭격으로 수백만의 홈리스가 생겨난 근동과 중동 도시들의 경우처럼 한편으로는 지금도 여전히 유효하다 해도.

이 구도에서 내게 독특하게 다가오는 것은 그림의 바닥에 위치하는, 청회색-검은색의 흙더미에서 시작되는 분화구 혹은 샘이다. 하늘에서 복수하는 신처럼 불을 뿜으며 타오르는 화살의 모습으로 적의 도시에 폭격기를 투입하는 용, 그리고 불타는 가시덤불인지도 모르는, 민족의 해방을 위해 모세를 종의 신분으로부터 구출한 신이 불 속에서 그와 함께했던 희생의 불도 마찬가지로 여기서 솟아오른다. 한편으로는 인간에 맞서는 증오와 파괴욕, 다른 한편으로는 경외와 희생을 각오한 자유에의 의지. 이 두 가지가 동일한 깊은 원천, 인간의 분열된 본성에서 솟아난다. 이 두 가지가 그림을 그린 여성을 트라우마를 남길 만한 흥분과 충격에 빠뜨렸다.

죽음의 거리

그림의 뒷면에 그림을 그린 여성이 적어 넣은 짧은 글귀가 있다. "죽음의 거리. 1939년 12월, 전쟁 초기에 꾼 꿈"(그림 117). 이 그림은 해당 여성이 2차 세계대전이 시작될 무렵에 꾼 꿈을 그린 것이다. 아직 예상한 사건들이 시작되기 전에, 그것을 경험하기 전에, 그녀를 놓아주지 않는 꿈속의 기억을 그녀는 당시에 바로 그렸을 수도 있고, 전쟁 이후에 이 그림을 통해 형상화했을 수도 있다.

여기서 무엇을 인지하는가. 거리는 가파르게 그림의 왼쪽 아래에서 오른쪽 위로 뻗어 있다. 공간상징학적으로는 미래로 향한다고 할 수 있다. 넓고 무거운 템페라 화법은 검은색, 때로는 빨강-검정-빨강으로 바뀌기도 하며 긴장과 파괴를 불러들인다. 거리 양쪽에는 폐건물들이 서 있다. 무너진 파사드는 하늘로 향하고, 검은 대들보들이 거리 쪽으로 튀어나왔다. 오른쪽 아래—보호의 상징—에 가장 먼저 보이는 것은 망가진

그림 117 작가 미상, 〈죽음의 거리. 전쟁 초기에 꾼 꿈〉, 1939년 12월
마분지에 과슈, 24.7x17.4cm
퀴스나흐트, 취리히 C. G. 융 연구소, 그림 아카이브, 041 BOAC

건물에서 낙하하는 돌덩이들이다. 부서진 돌덩이들이 갈색 바닥에 떨어진다. 오른쪽 가장 구석진 공간에는 검은 창문이 뚫려 있는 5층 혹은 그보다 더 높아 보이는 어두운 파란색의 폐건물이 우뚝 서 있다. 이곳은 상징의 사분면에서 모성의 안온함을 상징하는 오른쪽 아래에 위치하므로 집, 심지어는 그림을 그린 여성의 부모의 집일 가능성이 있다. 여기서 이 그림을 그려야 했을 동기, 집을 상실한 아픔이 상징화된다. 그녀가 여기 그린 예지의 꿈에서, 이미 모든 것이 파괴되었다. 도시는 죽고, 사람은 한 명도 보이지 않는다. 그 위로 붉은 하늘이, 새벽의 여명이 아닌 불의 그림자를 드리우고 있다.

이 꿈은 예지였고 지금은 기억이다. 필자가 유년 시절에 거닐던 도시도 이런 풍경이었다. 강풍이 두려웠고, 폐건물들이 무너질 듯 서 있는 거리들을 피해 다녔다. 이와 관련해 C. G. 융 자신이 꾸었던 반복된 세 번의 꿈을 떠올릴 수 있을 것이다. 그는 1914년 4월, 5월, 6월, 2차 세계대전이 시작되기 전에 우주에서 밀려드는 추위에 대한 꿈을 꾸었고 역시 이것을 하나의 예지로 받아들였다.[77]

전쟁과 죽음

그림 뒷면에 적힌 글에서 1939~1945년이 언급된 것으로 보아(그림 118) 이 그림은 해당 여성이 '전쟁: 죽음'이라는 주제를 다뤘던 이 기간을 보낸 후에 완성된 것으로 추측할 수 있다. 큰 화재가 불러온 무시무시한 불의 폭풍이 그림의 오른쪽, 외부 세계에서 삶의 공간 안으로 불어 닥친다. 헬멧은 그림 안의 인물이 군인이라는 것을 암시하고, 그는 어떤 저항도 할 수 없는 것처럼 보인다. 폭풍에 맞서 줄기가 휘어지는 나무는 이미 수관을 잃었다. 팔을 뻗고 애원하는 듯한 그는 도로 내던져져, 그의 손에서 무기가 떨어졌듯 곧 쓰러질 것이다. 뭔가를 붙들려는 몸짓으로, 무릎을 꿇고 애원하는 듯하지만 이미 희망은 없다. 그의 등 뒤에 그리고 나무

의 뿌리 아래에 아주 작은 빛이 있다. 그러나 검붉은 불 폭풍의 압도적인 힘을 견뎌낼 수는 없을 듯 보인다.

불타는 도심에서 쏟아져 나오는 이런 끔찍한 불의 폭풍은 뮌헨, 드레스덴뿐만 아니라 내 고향인 산업도시 슈바인푸르트에서도 경험할 수 있었다. 저 폭력 안에 던져진 사람은 빨려 들어가듯 가망 없이 사라졌다. 헬멧을 쓴 사람과 더불어―그러니까 여기서는 도시의 시민뿐 아니라, 전쟁 중의 인간 자체라고 생각한다―어딘가에서 죽었거나 혹은 어디에서도 죽지 않은, '이름 없는 군인'의 상징적 형상을 생각했을 수 있다(카트린 야스퍼의 해설에서처럼). 아무도 배웅하지 않은 그들의 무덤은 어디서도 찾을 수 없었다. 수십 년 후에 유가족들이 무덤을 찾게 되면 그때야 그들은 고향으로 돌아왔다. 그러므로, 이런 그림도 추모의 장소이며 증언 페이지다!

그림 118 작가 미상, 〈전쟁: Ⅰ. 죽음. 1939~1945〉, 연도 미상
마분지에 과슈, 24.7x17.4cm
퀴스나흐트, 취리히 C. G. 융 연구소, 그림 아카이브, 041 BOAF

죽은 사람들을 추도하며

이 그림에도 제목은 '전쟁: 죽음'이라고 적혀 있다(그림 119). 그리고 그것은 말 그대로 이름 없이 죽은 이들을 위한 추모의 그림으로 구성되었다. "얼어붙는 고독 속의 이름 없는 이들, 패배한 이들, 묻힌 이들을 기억하며! 1941~1945". 전쟁 후에 그려졌을 것으로 짐작되는 이 그림은 러시아를 상대로 전쟁이 확대되던 시기, 스탈린그라드의 파국과 관련이 있다. 동유럽은 물론 독일 내에서도 배고픔과 추위로 희생자가 발생한 몹시 추운 겨울이었다. 그림을 그린 여성은 여기서 끝없는 고독 속에 배웅하는 이도, 무덤도 없이, 죽은 장소마저 확인할 수 없는 러시아의 광활한 벌판에서 죽어간 사람들을 추모한다. 추도를 통해 그녀는 그들을—그녀 스스로도—망각으로부터 지켜내고, 깊은 공감의 기억 안으로 옮겨 놓는다. 이것은 무엇보다 슬픔의 처리, 이 시대가 그리고 시대와의 관련 속에서 인간이 잃어버린 모든 것이 불러온 트라우마의 처리이다. 잘 모르지만 아마 그녀의 가까운 지인들 중에도 이 그림으로 추도해야 했을 희생자들이 있었을 것이다.

흰색, 회청색과 회색-베이지색의 얼음과 눈으로 뒤덮인 화면에서 왼쪽 윗부분—공간상징적으로 운명을 암시하는 힘이 작용하는—으로 몰아치는 눈보라가 그림 전체를 지배한다. 눈보라는 땅까지 낮게 드리운 잿빛 하늘을 대각선으로 가로진다. 그림의 아래, 눈으로 덮인 꽁꽁 언 호수에는 얼어 죽은 사람들이 있다. 눈에 보이는 것은 다섯 명이다. 왼쪽, 가장 가까운 곳에 있는 사람은 우리에게 등을 돌리고 있으면서도 팔은 여전히 도와줄 무언가를 찾는 듯하다. 부질없이. 오직 기억 속에서만, 애도함으로써만 화가, 그리고 관조자인 우리는 그에게 가까이 다가갈 수 있다.

파괴된 거주지

이 파괴의 그림(그림 120) 안에서 화가는 물론 관조자의 시선도 조감도를 보듯 위에서 바닥까지 파괴된 집의 내부로 향한다. 오른쪽에는 퇴락한 구조물을 지탱하고 있었을 벽의 골조가 탑처럼 높이 솟아 있어 건물의 원래 높이를 짐작할 수 있다. 가장자리에는 구부러진 쇠파이프나 다름없이 불타버린 나무들이 서 있다. 파괴된 집의 내부는 허물어진 벽의 자갈들로 채워져 있다. 외벽은 폭발하며 산산조각이 되어 집안으로, 이전에 사람이 살고 보호받았던 그곳으로 굴러떨어졌다. 바닥의 검은 불모의 땅은 또 하나의 공간을 암시하는 걸까 아니면 무너져 내린 지붕일까? 이웃집과의 연결 통로인 듯 남은 벽에 걸쳐진 큰 사다리는 집들 사이에서 결속을 보여준다. 그 아래위로는 폭발의 결과로 볼 때 고성능 폭탄을 맞은 것처럼 보이는 건물의 잔재가 놓여있다. 그와 달리 옆 건물은 연기구름을 방출하는 소이탄을 맞은 것 같다. 그림의 중앙에, 외부 벽의 잔해가 전면을 향하고 있다. 거대한 사암 색의 마름돌이다. 시선으로 그것들을 따라가면, 폭격의 깊이를 깨닫게 된다. 폭격이 폭탄 전쟁으로부터의 은신처인 지하실까지 관통했음을 알수 있다.

파괴된 건물의 내부 형상에 왜 이렇게 세심함을 기울였을까 묻는다면, 또다시 그림에서 나타나는 공간상징론에서 암시를 받을 수밖에 없을 것이다. 이미 서술했듯 그림의 오른쪽 사분면은 특별히 보호의 주제가 나타나는 장소가 아닌가. 역시 개인적인 보호에 해당하는, 어쩌면 자신의 주택, 당시 화가의 집이었을지도 모를 이 특별한 장소에서 비극이 일어났다.

시선이 움직이는 대로, 파괴된 건물공동체의 왼쪽 끝으로 가보면-거리의 보이는 부분도 그곳으로 이어진다-거대한 짙은 회색 구름이 보인다. 여기서 이미 언급했듯, 소이탄이 터졌을 것이다. 연기는 그림의 윗부분 전체를 메우고, 붉게 타오르는 하늘을 덮고, 오른쪽 위 전체, 공간상징적으로 미래의 전 영역을 집어삼키고, 질식시키고 있다. 왼쪽에는 불타버린 대들보가

그림 119 작가 미상, 〈전쟁: Ⅲ. 죽음. 얼어붙는 고독 속의 이름 없는 이들, 패배한 이들, 묻힌 이들을 기억하며! 1941~1945〉
연도 미상, 마분지에 과슈, 24,7x17,4cm
퀴스나흐트, 취리히 C. G. 융 연구소, 그림 아카이브, 041 BOAH

그림 120 작가 미상, 〈깊은 곳에서〉, 1945
마분지에 과슈, 24,7x17,4cm
퀴스나흐트, 취리히 C. G. 융 연구소, 그림 아카이브, 041 BOAX

즐비한 폐허가 높이 서 있다. 공간상징적으로 집단의 기억, 집단 무의식의 영역을 보여주는 위치에 서 있는 것이다. 이로써 그곳에서도 이제는 파괴만을 기억하고 경험할 수 있다는 것을 보여준다. 집단 무의식의 깊은 치유의 영역과 상징들은 이 시점에서 화가 여성에게 여전히 폐쇄되어 있다.

화가는 이 그림에 '깊은 곳에서De profundis'라는 제목을 붙이고, 전쟁의 끝을 의미하기도 하는 1945라는 연도를 적어 넣는다. 제목이 시편의 구절과 같은 이 그림은 지하실까지 폭격당한 집들의 깊은 곳으로부터 태어났다: "깊은 곳에서 나는 부르짖네…".

난민

여기 이제 우리에게 두 사람이 아주 가까이 다가온다(그림 121). 그림 전면의 외곽에서 그들은 우리를 마주 보며 등장한다. 오른쪽 앞에 선 사람—머리가 더 긴 것으로 미루어 여성으로 보이는—은 관조자의 위치에서 볼 때 이미 그림을 벗어나 있다. 이런 원근법을 통해 그녀는 우리에게 매우 가까이 다가온다. 여위고 키가 큰 여성의 시선은 우리를 향하지 않는다. 대신 그녀는 아마도 당시 그녀의 모든 것이 들어있을 배낭을 메고 우리 앞으로 보란 듯 다가선다. 그녀는 우리가 그들을 명명했듯 '피폭자'다. 두 사람은 난민일 수도 있다. 왼손은 심장 높이의 가슴에 얹고, 오른손은 무릎을 꿇고 얼굴을 두 손으로 가린(비참한 상황을 드러내고 싶지 않거나 울고 있을지도?) 동반자를 잡고 있다. 그림의 왼쪽에 놓여 있는 두 개의 묵직한 검은 구球가 검은 옷을 입은 사람의 내면의 감금상태, 심적 부담을 보여준다. 끝없는 땅을 지나 지평선의 불빛과 검은 연기를 뿜는 도시로부터 도망쳐온 이들은 수백만 노숙자들 중 두 사람이다. 이 둘은—당시의 우리들 중 많은 수가 그랬고 오늘날의 수많은 난민들이 그렇듯—자신들의 집이 불타는 것을 지켜보며 살아남았고 더이상 어디로 가야 할지 모른다. 자세한 사항을 알 수는 없지만, 화가여성도 그런 경험을 했을 것이다. 이 그림에서 불길은 오른쪽으로 이동하고 있다. 그러니까 미래를 향하고 있다는 말이다. 전쟁은 외부세계에서는 1945년에 끝났다 해도 화가의 내면에서는 아직 먼 얘기다.

그림 121 작가 미상, 〈실향失鄕! 1939~1947〉, 연도 미상
마분지에 과슈, 24,7x17,4cm
퀴스나흐트, 취리히 C. G. 융 연구소, 그림 아카이브, 041 BOAI

파괴된 대도시

그림의 제목은 이렇다. "묘비. 파국 이후. 1945. 독일 대도시의 인상"(그림 122). 화가 여성이 1945년 전쟁이 끝날 즈음 파국을 마주하고 그린—독일의 파괴된 어느 대도시에서 인상을 받아—이 그림은 대도시마다 수천 명의 사망자가 있었음을 여실히 보여준다. 눌리듯 수평으로 길게 그려진, 검은 폐허로 변한 도시의 소름 끼치는 인상이 지나치리만큼 선명하다. 강의 양쪽에 늘어선 들쭉날쭉한 폐허 사이에 흰 뼈로 형상화된 날카롭게 빛나는 죽음이 떠 있는 듯하다. 그 위로 붉게 이글거리며 어둠 속으로 사라져가는 하늘이 펼쳐진다. 그러나, 그 모든 것 위로 공동의 '묘비'처럼 검은 판이 떠 있다. 죽음은 어떤 강을 다리처럼 잇는다. 폭격당한 도시마다, 내 고향의 도시에서도, 거대한 새로운 공동묘지, 피폭으로 죽은 사람들만을 위한 공동의 묘가 세워져야 했다. 그 과다한 숫자와 갈가리 찢기고 불탄 그들을 더이상 그들이 가졌던 이름과 동일시할 수 없었기 때문이기도 했다.

죽음의 수용소

여기에 나는 철조망이 그려진 그림을 한 편 추가한다(그림 123). 화가 여성이 당시의 민족살해와 유대인 학살에 대한 독일의 책임을 얼마나 절감하고 있었는지,

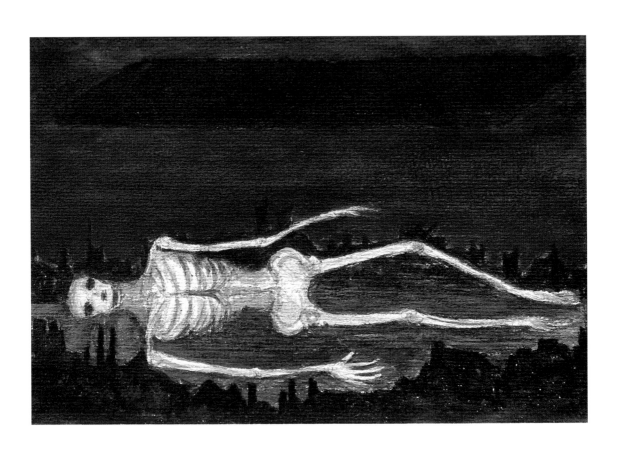

그림 122 작가 미상, 〈묘비. 파국 이후. 1945. 독일 대도시의 인상〉, 1945
마분지에 과슈, 24,7x17,4cm
퀴스나흐트, 취리히 C. G. 융 연구소, 그림 아카이브, 041 BOAL

그림 123 작가 미상, 〈가시철조망: 1933∼1947!〉, 연도 미상
마분지에 과슈, 24.7x17.4cm
퀴스나흐트, 취리히 C. G. 융 연구소, 그림 아카이브, 041 BOAO

그리고 그녀의 충격이 얼마나 컸는지를 보여주기 때문이다. 그녀는 그림에 '가시철조망'이란 제목을 붙이고 해당 시기를 1933~1947년이라 표시했다.

1933년은 히틀러가 권력을 장악하자마자 강제수용소 건설을 시작한 해이다. 소위 '유대인 말살계획'(최종해결)을 위한 가스실과 시체소각장이 1941년에 추가로 세워졌다. 이에 반해, 1947이란 연도는—화가의 개인적인 기억과 연관된 것이 아니라면—1947년 9월 30일~10월 1일에 국제군사재판소가 NS-정권의 잔학행위의 주범들에 대해 판결을 내린 해를 암시한다.

그림은 화면 전체를 관통하는 평행의 가시철조망—보는 사람의 위치도 즉시 가시철조망 앞으로 바꿔 놓는—뒤로 집단수용소의 실루엣을 보여준다. 감옥처럼 보이는 시멘트 건물과 타오를 듯한 붉은 하늘로 연기를 내뿜는 소각로의 굴뚝도 보인다. 전면의, 고압 전기가 흐르는 수용소의 철조망에는 자유를 찾아 나섰다 사망한 두 사람이 매달려 있다. 오른쪽에는 까맣게 탄 채 고개를 앞으로 떨군 사람이, 왼쪽에는 움직이듯 여전히 무릎을 꿇은 채 철조망을 잡고 있는 사람이 보인다. 웃옷을 벗은 젊은 사람의 흉곽에서 반사되는 빛은 묘한 생동감을 띠고 있어, 그림의 나머지 부분을 지배하는 어두운 회색 톤과 대조를 이루며 도드라진다. 철조망을 건드리는 순간 이 젊은이에게 죽음을 가져왔을, 이 빛을 반사시켜 삶에 대한 그리움을 표현하고자 한 것일까?

이 시대의 증인 루트 엘리아스의 증언에 의하면, "철조망에 다가가려는 사람은 즉시 체포되었다. 그럼에도 그곳에 도달한 사람은 바로 고압으로 죽어 쓰러졌다. 많은 이들이 수용소의 끔찍한 삶에서 이 죽음을 택했다"[78] 그림의 구도는 관조자가 화가와 마찬가지로 직접 가시철조망과 대면하고, 끔찍하고 굴욕적인 수용소의 삶에 맞서 철조망의 죽음을 택한 사람을 피할 수 없이 눈앞에서 보게 한다. 혐오, 추모와 깊은 연민이 이 가차없는 그림을 깨어나게 한다. 화가 자신이 가까운 사람을 이 철조망에서 혹은 어떤 수용소에서 잃었을까? 우리는 알 수 없지만, 가능성이 없는 것도 아니다. 그 당시 청소년이었던 나는, 독일에서 태어난 우리 세대의 다른 많은 이들처럼, 그런 일이 사람 사이에서, 그것도 독일에서 일어날 수 있었다는 데 깊은 수치심을 느꼈다. 이해 불가능한 이 일을 우리는 전쟁 후에 학교로 유입되기 시작한 많은 정보들을 통해서도 계속 다시 마주했다.

포로를 추모하기 위하여

아주 어둡고 천장이 높은 추워 보이는 방에 기둥에 묶여 고문당하는 사람이 먼저 눈에 띈다. 가장 많은 색을 사용해, 가장 환하게, 바닥보다 높이 위치하도록 그려져 있기 때문이다(그림 124). 왼쪽 벽에 웅크리고 앉아 있는 사람은 남자처럼 보인다. 더 오른쪽 바닥에 앉은 사람은 여성 같다. 둘 다 묶여 있다. 자연스레 한스와 소피 숄을 생각하게 된다. 연작의 마지막 그림(그림 127)에 명백히 '뮌헨'이라고 쓰여 있는 것으로 봐서 이곳이 화가의 고향이고 그림들의 무대라고 볼 수 있을 것이다. 숄 남매는 꽤 이른 1942/43년 무렵부터 '백장미'란 이름으로 히틀러 정권에 대항하는 학생 저항단체를 결성했다. 추운 방, 뒷배경의 한가운데에 고문당하는 네 번째 인물이 보인다. 가까이 들여다보면 그가 십자가에 매달린 예수라는 걸 알 수 있다. 1943년 2월 22일 뮌헨-슈타델하임에서 처형된 젊은 학생 한스와 소피 숄의 구금을 묘사한 것이라고도 볼 수 있는, 이 희생으로 얼룩진 사건들의 배경에 예수의 연민을 상징하는 십자가가 세워져 있다. 기독교적 배경을 가진 화가가 믿고 희망하고 신뢰하는.

그림 124 작가 미상, 〈갇힌 자, 매 맞는 자 그리고 묶인 자. 1933~1945를 추모하며〉, 연도 미상
마분지에 과슈, 24,7x17,4cm
퀴스나흐트, 취리히 C. G. 융 연구소, 그림 아카이브, 041 BOAN

그림 125 작가 미상, 〈고문당한 자와 갇힌 자 1933~1945!〉, 연도 미상
마분지에 과슈, 24.7x17.4cm
퀴스나흐트, 취리히 C. G. 융 연구소, 그림 아카이브, 041 BOAP

고문당한 자와 갇힌 자에 대한 추모

다시 한번 추모, 공감, 존엄에 대한 그림이다. 외상을 겪은 화가는 고문당하고 갇힌 사람들의 아픔을 자신의 일부로 받아들이려 한다. 그들에게 인간의 존엄을 부여하고, 그렇게 함으로써 그녀의 슬픔과 심리치료에 한 발짝 다가가는 것만 같다.

이것은 유달리 생동감 있는 예수의 그림이다. 그리스도는 고개를 떨구고 있지만, 뻗은 팔은 마치 하늘에 닿을 것만 같다. 자세히 보면 무겁고 어두운 자주색과 적갈색 배경에 십자가가 있다. 여기서, 자신의 모든 고통을 감내하며 십자가에 매달린 예수로부터 힘찬 빛이 흘러 나온다. 빛은 그림 오른쪽의 고문당하는 사람에게 온 힘을 다해 도달한다. 고문당하는 사람의 얼굴은 고개 숙인 그리스도에게서 흘러나오는 빛의 폭풍에 잠긴 듯하다. 고통받는 그의 손을 그리스도의 손에서 나오는 빛이 어루만지는 것 같다. 그림의 아래 깊숙이 자리한 겁에 질린 포로는, 낮은 벤치에 앉아 손으로 얼굴을 가리고 있다. 그도 그리스도의 옆구리 상처에서 나오는 빛을 받고 있다. 빛은 심장 근처에서 흘러나와 그에게 닿는다.

이것은 역동적인 구도를 가진 그림이다. 검은색이 대부분을 차지하는 그림의 배경을 가까이서 들여다보면 감옥의 창까지 보인다. 그럼에도 전체가 자줏빛으로 채색된 왼쪽 윗부분은 넓은 삼각형으로 그림의 나머지 면적을 두드러져 보이게 하며, 꺾을 수 없는 생명력을 발산한다. NS-정권이 만들어낸 수많은 희생자들의 고통때문만이 아니라 인종 차별과 이념에 맞서 독일 내에서도 저항이 일어났다. 앞서 말했듯, 연작 전체가 뮌헨과 관련이 있는 듯하므로, 다시 한번 '백장미' 학생 한스와 소피 숄을 떠올린다.

이 감동적인 작품은 이것을 형상화한 여성이 얼마나 깊이 희생자와, 그리고 한편으로는 그리스도의 상징과 (아픔을 함께 하는 자, 구원의 상징으로서) 결속되어 있는지 보여준다. 이 그림은, 이 여성이 그녀를 둘러싼 헤아릴 수 없는 고통 속에서도 서로를 결속하고 위로하

는 공감의 힘을 경험했음을 인상적으로 보여준다. 고문당하는 두 사람은 깊은 고독 속에 있기도 하고, 아니기도 하다. 그리고 빛 속에, 강한 빛, 또다시 십자가에 매달린 그리스도의 상처에서 발산되는 분광 아래 있기도 하다. 그리스도가 매달린 십자가는, 그가 고문당하는 사람들과 함께 감방에 있다 해도, 다른 차원에서 이 감방 안에 우뚝 솟아 있고 생명력 있는 에너지를 상처에서 상처로 나눠준다.

스스로 전쟁을 경험했고, 전쟁 이후에 범죄의 전체 외연을 가늠하게 된 우리 세대에게, 소수의 저항의 증인들은 새로운 독일에 대한 희망을 싹트게 한 사람들이며, 새로워지는 세계를 오게 만든 구원자나 다름없었다. 이 그림의 화가는 그림들의 날짜 표기가 보여주듯, 매우 깨어 있고, 매우 경악했으며, 자신의 삶을 희생하면서까지 히틀러 정권에 대항한 이들의 행동에서 감동을 받았다.

공습

1943년에는 무엇보다 독일 도시들에 대한 미군과 영국군의 공습이 시작되었다. 화염에 휩싸인 도시는 뮌헨인가(그림 126)? 이것은 독일 공군이 런던과 같은 도시들을 비슷한 방법으로 공격했던 이후의 일이다. 나는 이런 일들을 어린 시절에 실제로 경험했다. 그것은 고통스럽도록 날카로운 고음과 경보사이렌이 비명처럼 울리며 시작되었다. 폭격기는 매우 높은 공중에서 비행했다. 사격능력이 있는 독일 고사포에 대한 두려움 때문이었다. 전투기는 보이지 않고, 사이렌 소리만 들려왔다. 그리고 소리가 들리는 즉시, 삶의 필수적인 것들과 가장 소중한 것들―한 가족의 가장 어린 아이, 아기―을 움켜쥐고 가까운 방공호로 몸을 피했다. 예를 들어 용도 변경한 지하의 사과 저장고 같은 곳으로. 지하로 미처 내려가기도 전에 계단에서부터 이미 땅의 떨림이 감지되었다. 폭격이 시작되었으므로. 전기가 당장 끊어졌고 급수도 중단되었다. 폭탄을 맞은 땅이 진동하며 방공호 먼지와 연기가 밀려들었다. 공습경

그림 126 작가 미상, 〈비상!! 소이탄과 공격! 전쟁 중의 공습. 1943. 경험들〉, 연도 미상
마분지에 과슈, 24,7x17,4cm
퀴스나흐트, 취리히 C. G. 융 연구소, 그림 아카이브, 041 BOAR

보해제 사이렌이 지나가고 나면 집이 불타거나 일부나 전부가 무너져 있곤 했다. 사람들은 그때까지 잘 알지 못하던 이웃에게 달려갔고, 자신의 혹은 이웃집의 불을 껐다. 파묻힌 사람들을 꺼내고, 부상자를 돌보거나 사망자를 밖으로 끌어냈다. 공격당하는 동안 받은 죽음의 공포는 오로지 넓은 연대감을 통해서만 일시적으로 극복되었다. 가장 가까이에서 일을 당한 사람 곁에 서야 한다는 절실함과 돕고자 하는 마음이 서로를 이어주었다.

누군가 당한 끔찍한 일들, 일반적으로 사람이 견딜 수 있는 한계를 넘어서는 일들을 그녀는 그림에서 의심할 바 없이 공유했으며 신화적으로 형상화시켰다. 초인간적인 가면이 토해내는 불은 입, 눈 그리고 머리카락에서 활활 타오른다. 머리카락은 바람처럼 부는 불의 폭풍이다. 붉은 윤곽의 건물들이 암시하듯 도시를 달구는 화염이 건물 속으로 침투한다.

구도는 위, 아래 두 부분으로 나뉜다. 윗부분은 여러 면에서 뮌헨을 연상시키는 고층건물과 교회탑을 포함한 도시의 스카이라인을 보여준다. 아랫부분은 빨간 불의 선으로 갈라진 장벽을 보여준다. 이곳은 아마도 사람들이 공격을 받으면 대피하는 지하이기도 할 것이다. 왼편의 검은 점들과 원들이 암시하듯 이곳도 위협을 받는다. 점과 원들은 폭격을, 그을음의 흔적은 화재를 형상화한 것으로 볼 수 있다. 오른쪽에 보이는 것은 폭격의 불씨다. 사람들을 보호하는 장벽을 폭파하려 위협하고, 질식을 피하려는 사람들을 지하의 방공호에서 불타는 외부로 내몬다.

이제 이 깊은 곳, 장벽 바로 앞 혹은 그 내부라 할 수 있는 곳에 비밀스러운 형상이 나타난다. 등을 덮을 만큼 길게 흘러내린 푸른 머리칼과 밝은 파란색 망토로 몸을 감싼―그림에서 유일한 파랑이다!―그녀는 관찰자로서 우리를 등지고 있다. 그녀는 팔을 옆으로 뻗고 서서, 장벽과 도시를 정면으로 바라보며 손바닥을 위로 펼쳐 보인다. 이것은 우리가 알고 있는, 가장 오래된 기도의 자세와 같다. 마리아, 보호의 외투자락을 펼쳐 든 마돈나는 푸른 가운을 입은 모습으로 (지면상

의 제약으로 실을 수 없는, 이어지는 그림 연작에서도) 형상화되곤 한다. 보호를 애원하는 인간 영혼을 형상화한 다른 많은 예를 통해 우리는 이 기도의 자세를 알고 있다. 이것은 가장 크고 비인간적인 위험 속에서 인간보다 더 큰 보호의 존재를 알고 그것을 부르는 그림이다. 이렇게 보면 이것은 과다한 공포에도 불구하고 희망의 그림이기도 하다. 이것은 내게 어린 시절 수차례 경험했던, 현실에서 고통당하던 희생자들 사이의 연대감을 떠올리게도 한다.

희생

여기서 화가 여성이 살았다고 짐작되는 도시 뮌헨이 실명으로 언급된다. 1945년 2월 2일이라는 특정한 날짜도 적혀있다(그림 127). 이날, 저항운동에 참여했던 독일인 세 명이 1944년 7월 20일의 히틀러 암살 사건과 관련하여 사형선고를 받는다. 디트리히 클라우스 본회퍼, 에른스트 폰 하르나크 그리고 뤼디거 슐라이허다.

새끼줄에 매달린 사람은 저항운동가들 중 한 사람일 것이다. 밝게 빛나는 머리카락을 가진 그는 흰옷을 입고, 그림의 가운데에 외롭게 매달려 있다. 순결을 상징하는 흰색 옷은 높은 십자가에 매달린 무고한 그리스도의 희생처럼 그의 죄 없는 희생을 강조하는 것일지 모른다. 둘로부터 치유가 비롯된다. '희생', 화가는 이 그림을 그렇게 칭한다. 교수형을 희생―어쩌면 독일의 해방을 위한 것인가?―으로 이해하는 것이 그녀에게는 매우 중요하다. 왜냐하면 존경할 만한 남녀―소피 숄을 포함한―, 저항을 시도하고 삶으로써 대가를 치른 사람들이 존재했다는 것은 당시 젊은이들뿐만 아니라 오늘의 독일인들에게도 깊이 손상된 정체성과 자존감의 회복을 위해 의미 있는 일이기 때문이다. 형상화된 모든 공포감에도 불구하고 구도는 고요함을 내뿜는다. 상처 입은 도시는 껍질 모양으로 십자가를 둘러싸고 있고, 그 위로 원 모양의 색채화면이 불처럼 붉은빛을 발산한다. 그러나 이것은 저무는 태양

그림 127　작가 미상, 〈희생자, 1945. 뮌헨 인상들−비전〉, 1945. 2. 2
마분지에 과슈, 24.7x17.4cm
퀴스나흐트, 취리히 C. G. 융 연구소, 그림 아카이브, 041 BOAQ

인가? 1945년이다! 아니, 아니, 내 느낌에 이 색채화면은 새로운 시작을 위해 자신을 희생한 이들의 영향 속에서 떠오르는 태양을 호흡하고 있다. 무엇보다 붉은 빛을 발하는 태양의 힘이 검푸른 하늘 안으로 퍼져가는 듯한 그림의 역동적인 구성이 그것을 말해준다. 피가 흘러다니는 십자가 밑의 검은 땅 속은 단단하고, 어둡다. 그러나 살아있는 뿌리처럼 힘차게 피가 통과하고 있다.

사형수의 머리 위에서 해는 뜰 것이다. 흰옷을 입은 무고한 희생자의 머리카락은 그림에서 가장 밝은 부분이다. 매달린 사람은 막연히 어느 곳이 아닌, 높이 솟은 T-십자가에 매달려 있다. T-십자가는 세로축이 하늘로 이어지지 않고 대들보에서 끝난다. 상징적으로 이것은 이 시대에 일어난 모든 사건들을 세속에서, 인간들 안에서 감당해야 했던 경험을 의미한다. 신학자 디트리히 본회퍼는 저 묵시론의 시대에 전지전능한 신의 초월성을 더이상 기대할 수 없음을 몸소 경험했다. 그는 경계를 넘어서는 자유로운 경험이 함께 아파함으로써만 가능하다는 것을 알고 있었다.

일어난 사건들을 그림으로 그리고, 그것을 융과 공유하며 치료하는 과정에서 새로이 생겨나는 연민, 거기에 이 추모작업의 치료 효과도 있었으리라.

혼돈과 파괴

도록

그림 128 작가 미상, 무제, 1964
종이에 과슈, 18x33cm
퀴스나흐트, 취리히 C. G. 융 연구소, 그림 아카이브, 099 DUAA

그림 129 작가 미상, 무제, 1959. 1. 4
종이에 과슈와 먹, 16x9cm
퀴스나흐트, 취리히 C. G. 융 연구소, 그림 아카이브, 040 BNAT

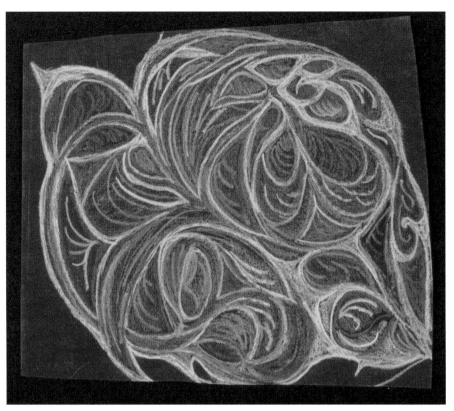

그림 130 위: 작가 미상, 무제, 연도 미상
종이에 파스텔, 17,5x20cm
퀴스나흐트, 취리히 C. G. 융 연구소
그림 아카이브, 012 ALAH

그림 131 아래: 작가 미상, 무제, 연도 미상
종이에 파스텔, 19,5x31cm
퀴스나흐트, 취리히 C. G. 융 연구소
그림 아카이브, 012 ALAA

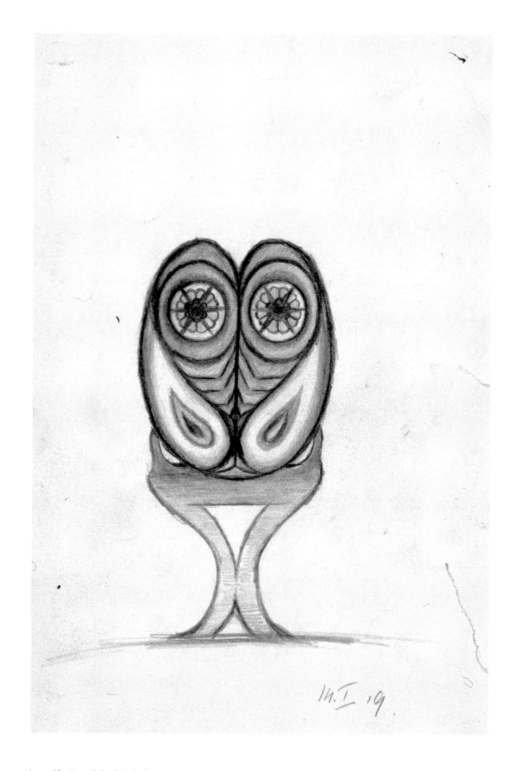

그림 132 작가 미상, 무제, 1919. 1. 14
종이에 연필, 24x16cm
퀴스나흐트, 취리히 C. G. 융 연구소, 그림 아카이브, 018 ARAF

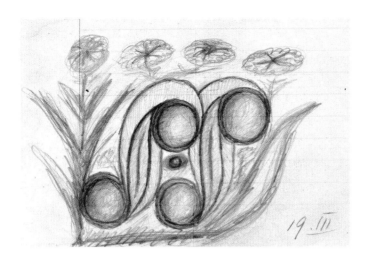

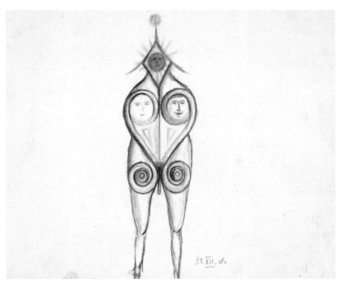

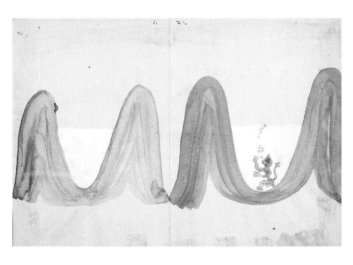

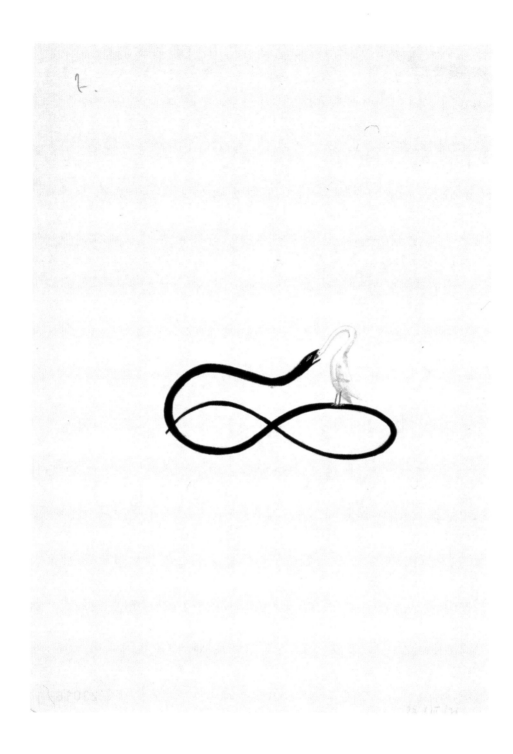

그림 136 작가 미상, 무제, 연도 미상
종이에 과슈, 30x21cm
퀴스나흐트, 취리히 C. G. 융 연구소, 그림 아카이브, 023 AWAR

그림 137 위: 작가 미상, 무제, 연도 미상
종이에 과슈와 먹, 30,5x35,5cm
퀴스나흐트, 취리히 C. G. 융 연구소, 그림 아카이브, 083 DEAA

그림 138 아래: 작가 미상, 무제, 연도 미상
종이에 목탄, 51x66cm
퀴스나흐트, 취리히 C. G. 융 연구소, 그림 아카이브, 034 BHAF

그림 139 작가 미상, 무제, 연도 미상
종이에 과슈, 25x19cm
퀴스나흐트, 취리히 C. G. 융 연구소, 그림 아카이브, 026 AZAE

그림 140 작가 미상, 무제, 연도 미상
종이에 연필, 32,5x25,5cm
퀴스나흐트, 취리히 C. G. 융 연구소, 그림 아카이브, 026 AZAH

그림 141 작가 미상, 〈비상飛翔과 추락〉, 연도 미상
종이에 연필과 색연필, 37,5x26cm
퀴스나흐트, 취리히 C. G. 융 연구소, 그림 아카이브, 026 AZAJ

그림 142 작가 미상, 무제, 연도 미상
종이에 목탄, 48x34cm
퀴스나흐트, 취리히 C. G. 융 연구소, 그림 아카이브, 034 BHAB

그림 143 작가 미상, 무제, 연도 미상
종이에 목탄, 66x51cm
퀴스나흐트, 취리히 C. G. 융 연구소, 그림 아카이브, 034 BHAI

그림 144 작가 미상, 무제, 연도 미상
종이에 목탄, 66x51cm
퀴스나흐트, 취리히 C. G. 융 연구소, 그림 아카이브, 034 BHAC

그림 145 작가 미상, 무제, 연도 미상
종이에 목탄, 66x51cm
퀴스나흐트, 취리히 C. G. 융 연구소, 그림 아카이브, 034 BHAK

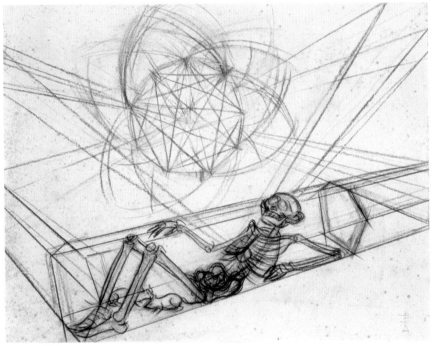

그림 146 위: 작가 미상, 무제, 연도 미상
종이에 연필, 39.5x50cm
퀴스나흐트, 취리히 C. G. 융 연구소
그림 아카이브, 044 BRAC

그림 147 아래: 작가 미상, 무제, 연도 미상
종이에 연필, 31x41cm
퀴스나흐트, 취리히 C. G. 융 연구소
그림 아카이브, 044 BRAE

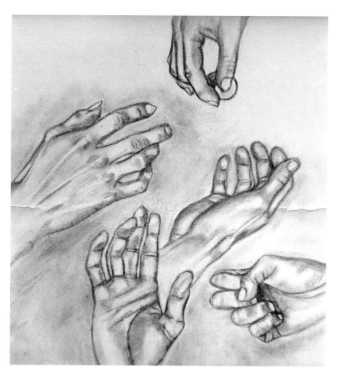

그림 148 위: 작가 미상, 무제, 연도 미상
종이에 연필, 14x9cm
퀴스나흐트, 취리히 C. G. 융 연구소
그림 아카이브, 072 CTAC

그림 149 아래: 작가 미상, 무제, 연도 미상
종이에 잉크, 10x10.5cm
퀴스나흐트, 취리히 C. G. 융 연구소
그림 아카이브, 082 DDAB

그림 150 작가 미상, 무제, 1955. 1. 16
종이에 먹, 58,5x36,5cm
퀴스나흐트, 취리히 C. G. 융 연구소, 그림 아카이브, 069 CQAL

그림 151 작가 미상, 〈나를 표현하는 그림〉,
종이에 과슈, 13x15.5cm
퀴스나흐트, 취리히 C. G. 융 연구소, 그림 아카이브, 050 BXAB

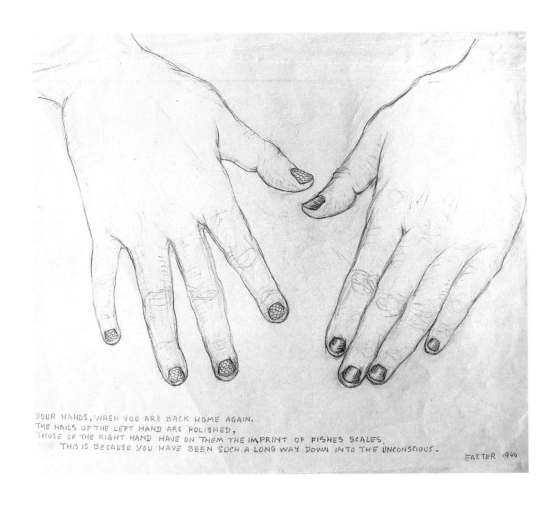

YOUR HANDS, WHEN YOU ARE BACK HOME AGAIN.
THE NAILS OF THE LEFT HAND ARE POLISHED,
THOSE OF THE RIGHT HAND HAVE ON THEM THE IMPRINT OF FISHES SCALES,
THIS IS BECAUSE YOU HAVE BEEN SUCH A LONG WAY DOWN INTO THE UNCONSCIOUS.

EASTER 1944

그림 152 작가 미상, 〈너의 손〉, 1944 부활절
종이에 연필, 25x29cm
퀴스나흐트, 취리히 C. G. 융 연구소, 그림 아카이브, 047 BUBS

그림 153 작가 미상, 무제, 연도 미상
종이에 연필, 수채 29,5x21cm
퀴스나흐트, 취리히 C. G. 융 연구소, 그림 아카이브, 026 AZAH

14쪽 빈센트 L. 데 무라의 글에서 그림 1 참고.
148, 150쪽 잉그리트 리델의 글에서 그림 116, 117 참고.

위: 작가 미상, 무제, 연도 미상
종이에 수채, 20x14cm
퀴스나흐트, 취리히 C. G. 융 연구소, 006 AFAI

왼쪽 아래: 작가 미상, 〈묵시론의 시대: 독일 전역에 폭풍이 불기 시작했다! 1939.
피를 먹고 사는-불의 악마〉, 1939
마분지에 과슈, 24,7x17,4cm
퀴스나흐트, 취리히 C. G. 융 연구소, 그림 아카이브, 041 BOAB

오른쪽 아래: 작가 미상, 〈죽음의 거리. 전쟁 초기에 꾼 꿈〉, 1939년 12월
마분지에 과슈, 24,7x17,4cm
퀴스나흐트, 취리히 C. G. 융 연구소, 그림 아카이브, 041 BOAC

그림 154 작가 미상, 〈시대정신의 그림. 전쟁. 죽음의 춤. 대량학살.
독일에서 일어난 살인의 집단 광기 1939〜1945〉, 연도 미상
마분지에 과슈, 24,7x17,4cm
퀴스나흐트, 취리히 C. G. 융 연구소, 그림 아카이브, 041 BOAD

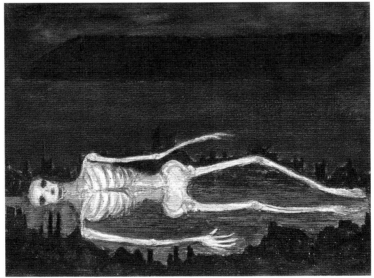

위:
152, 154~155쪽 잉그리트 리델의 글에서 그림 118, 119, 121 참고.

아래:
158쪽 잉그리트 리델의 글에서 그림 122 참고.

위:
155, 159, 161쪽 잉그리트 리델의 글에서 그림 120, 123, 124 참고.

아래:
162, 164, 166쪽 잉그리트 리델의 글에서 그림 125, 126, 127 참고.

세계의 새로운 질서
그림 아카이브의 소묘 한 편

필립 우르슈프룽

독립적인 활동으로서의 예술의 영역과 치료목적의 예술적 활동을 잇는 다리는 오늘날 찾아보기 쉽지 않다. 예술, 과학, 의학과 심리학은 다른 모든 지식의 분야들처럼 20세기 중반 이후 점점 더 세분화되고 서로에게서 분리되었다. 늘 그랬던 것은 아니다. 19세기 후반에는 지식 분야 간의 경계야말로 가장 활발한 사고의 지점이었다. 전문가가 아닌, 세상을 전체로 파악하려 했던 사람들이 가장 주목을 받았다. 찰스 다윈은 모든 생명형식의 기원과 발전을 탐구했다. 찰스 라이엘은 산과 대륙의 생성을 설명했다. 앙리 베르그송은 이상주의와 리얼리즘 사이의 오랜 철학적 단절을 극복했다. 지그문트 프로이트는 인간 정신법칙의 진원지를 찾아냈다. 마리 퀴리는 물리학과 화학의 경계를 넘어섰고, 알베르트 아인슈타인은 시간과 공간의 차원을 연결했다. 그러한 종합적 사고체계들은 오늘날까지 여전히 매력적이며 우리에게 영감을 준다. 그것들은 우리의 단절된 지식체계를 돌아보게 한다.

물론 지금도 예술과 심리학 사이의 연계가 완전히 중단된 것은 아니다. '무의식', '원형', '전이'와 같은 심리학의 정의들은 예술비평의 영역에서도 널리 쓰인다. 심리학의 방법론을 원용하는 예술비평가들도 있다. 프로이트나 융의 정의 혹은 자크 라캉의 연구들은 특히나 시선의 문제에서 그렇다. 1972년 카셀에서 열린 〈도큐멘타 5〉에 '정신병환자들의 조형예술'이란 주제의 전시공간이 있었다. 여기 로잔의 아르 브뤼 컬렉션, 과거 도립 구깅 정신병원이 있던 자리에 설립된 구깅 박물관과 하이델베르크 대학의 프린츠호른 수집품, 장크트 갈렌의 라거하우스 박물관, 베른 미술관의 아돌프 뵐플리 재단이 소장한 남녀 환자들의 미술작품들이 전시되었다. 2013년 '백과사전식 궁전'이라는 주제로 열린 제55회 베니스 비엔날레에서는 C. G. 융의《레드북》이 전시되어 세간의 주목을 받았다. 그러나 이 모든 경우들은 예외적인 것에 해당한다. 화가 장 뒤비페가 칭했듯 그것들은 '아르 브뤼' 혹은 '아웃사이더 아트'에 관한 것으로, 엄격히 주류 미술과는 구분되는 것이다.[79]

다른 학문 분야에 다리를 놓는 것이라면, 오늘의 심리학은 미술보다 건축에서 더 관련성을 찾을 수 있을 것이다. 놀랄 만큼 드물게 기술되고 있으나 건축과 심리학의 유사성은 명백하다. 지식의 모든 영역들 중에서 건축은 심리학과 더불어 아직까지 가장 전문화의 경향에 종속되지 않은 분야다. 둘 다 산업화한 나라들에서 가장 인기 있는 학과들이며, 따라서 청년들의 시각에서 미래지향적이라는 얘기다. 건축과 심리학이 인기 있는 이유는, 내 생각에 이것들이 예나 지금이나 다양한 지식 분야가 한 곳에 어우러지는, 대체로 실용적인 학문이기 때문이다. 건축가들은 첫 아이디어부터 설계, 진행, 건축물의 재료들이 노후화하는 과정까지 함께한다. 심리학자들은 오랜 기간에 걸쳐 사람과 관계하며, 인지와 치료의 과정을 따른다. 그러므로 예술사가이며 건축사가인 내가 이미 말한, 상당히 낙후한 다리를 딛고 올라서서, 나의 학문이 이 만남으로부터 배울 수 있는 것이 뭔지 묻는 것은 당연하다.

미술과 테라피

나의 대모代母인 루트 암만이 내게 카를 구스타프 융의 환자들이 그린 그림 아카이브에 대한 몇 가지 글을 제안했을 때, 나는 먼저 나를 가로막는 몇몇 내면의 장애물을 극복해야 했다. 오래전부터 루트 암만과 나의 관심은 서로 겹치는 부분이 있었다. 그녀는 건축학을 전공하고 이후에 심리학을 발견했다. 나는 건축사학에 중점을 둔 미술사가이다. 그럼에도 나는 약간 주저했다. 미술 분야에서 유효한 범주와 정의들을 심리학과 신경정신의학에 그대로 적용할 수 있을지 의심스러웠기 때문이다. 존재하기 위해서는 전시되어야 하는, 공개를 목적으로 제작되는 예술작품은, 기본적으로 환자와 의사 외에는 누구도 보지 말아야 하는 스케치들과 비교될 수 없다. 환자의 작품은 내밀한 표현이며, 의사만이 간직하는 비밀로 보호될 거라는 믿음이 있어야만 가능하다. 사회학자인 니클라스 루만Niklas Luhmann에 의하면, 예술작품은 복합성을 증가시킨다. 반면 치료적인 스케치는 복합성을 감소시켜야 한다. 내가 어떻게, 창작자 본인이 최종적으로 설명을 완료한 것, 동시대는 물론 후대의 모든 관람객들까지 겨냥한 것을, 치료를 위한 대화의 도구로 탄생했다가 문제가 해결되면 그 필요성이 사라지는 어떤 것과 비교할 수 있겠는가? 환자들의 그림을 회화와 건축, 영화, 그리고 대중문화와 학문적·시각적인 조형물들까지 아우르는 시각문화의 일부로 본다면, 접근이 좀 더 쉬워질 것이다. 그러나 나는 다른 이유에서도 머뭇거렸다. 미술의 위탁 작업적 특성이 구체제가 무너지던 18세기 말에 이르러서

야 사라진 것으로 본다면, 예술가들은 오랫동안 예술 활동의 주체성을 얻기 위해 힘겹게 투쟁했다. 이런 예술의 목표는 줄곧, 각 시대의 규범과 그 이전에 생성된 예술을 수정하고 발전하는 데 있었다. 새로운 예술형식을 비판하고 반대했던 이들은 그때마다 그런 시도가 비정상적이며 장애의 표시라고 공격했다.

현대미술의 역사는 예술작품의 병리학을 밝히는 판결들로 각인되어 있다. 1860년대 파리에서의 에두아르 마네의 그림에 대한 혹평부터 1937년 프로파간다 전시회의 퇴폐예술Entartete Kunst을 지나 크리스토프 쉴링엔지프Christoph Maria Schlingensief의 퍼포먼스에 이르기까지. 천재와 광기는 대다수 사람에게는 큰 차이가 없어 보인다. 지금도 많은 사람이 빈센트 반 고흐에 대해서는 그가 자신의 귀를 잘랐다는 이야기를 먼저 떠올리곤 한다. 나는 미술사가의 입장에서 누군가가 어떤 예술작품을 '증상'으로 해석하면 거의 반사적으로 방어 자세를 취한다.

루트 암만이 내게 마침내 아카이브의 몇몇 그림들을 보여주었을 때, 이것들이 나의 호기심을 불러일으켰다. 미지의 것들과의 논쟁은 앞으로 나아가게 한다. 그림들을 보았을 때 나는 왠지 모르게 위축감보다 해방감이 크게 느껴졌다. 예술사가의 시선으로 그림에 다가가자, 1929년으로 표시된 소묘 한 편이 바로 눈에 들어왔다(그림 34). 종이에 그려진 흰색 계열의 단순한 렌즈 모양의 형상이 두 개의 양식화된 검은 발들 위에 서 있는 그림이다. 렌즈 모양의 형상 안에는 빨간색, 보라색 그리고 파란색 색연필로 20개의 기하학적인 형체들이 도식적으로 묘사되어 있다. 윤곽은 뚜렷하다. 이것은, 그리고 그림에 날짜가 적혀 있다는 사실은—이것이 그림을 그린 여성 혹은 남성 혹은 의사이며 치료사인 C. G. 융에 의한 것인지 모른다 해도—작품이 완결되었음을 암시한다. 그 외에도 문서에 의거해 우리는 이 작품이 이보다 10년 앞선 연작과는 별도로 창작된, 독자적인 그림이라는 걸 알 수 있다. 미술사가로서 나는 유사성을 앞세워 논의를 진행하려 한다.

이 말은 어떤 미지의 것을 내가 아는 어떤 것과 비교한다는 말이다. 형태들이 그 자체로서 삶을 가지고 있으며 역사의 흐름 속에서 다양한 곳에서 나타날 수 있다는 것은 미술사 서술의 전제 중의 하나다. 미술사가인 앙리 포시용Henri Focillon의 《형태의 삶》(1934), 그의 제자인 조지 쿠블러George Kubler의 《시간의 형태》(1962), '므네모시네 그림지도(도상 아틀라스)' 프로젝트에 속하는 아비 바르부르크Aby Warburg의 수집품과 문서들은 이 삶을 체계화하려는 시도이다.[80] 렌즈모양의 형상―교차되는 두 개의 원에서 겹친 부분을 잘라낸 모양―은 몸을 암시할 수 있다. 머리나 수직으로 세운 눈, 음부의 모양으로, 또는 창문이나 거울, 심지어 작살, 탄환과도 관련지을 수 있을 것이다. 육체, 두상,

혹은 눈을 렌즈 형태로 형상화한 예는 1920년대 미술에서 자주 나타난다. 파울 클레, 콘스탄틴 브랑쿠시, 조피 토이버-아르프나 알베르토 자코메티의 경우처럼.

만돌라

모티프로서 렌즈, 혹은 아몬드 형태는 후기 고대와 중세에 널리 퍼져 있었다. '만돌라'로 그리스도의 몸을 에워싸고 있다. 재단 위, 필사본, 프레스코 벽화, 상아 조각들과 부조에서 같은 모티프가 보이며, 가장 유명한 것은 샤르트르 대성당의 정문 팀파눔에 있는 것이다(사진 1). 그것은 그리스도를 위계적으로 부각하고,

사진 1. 만돌라에 둘러싸인 예수
1150년경, 샤르트르 대성당, 서쪽 중앙문 팀파눔

몸이 아닌 머리만 오라로 둘러쳐진 다른 성자들과 구별한다. 이 모티프는 또한 하나의 비전, 어떤 환상의 표시로도 읽을 수 있다. 마티아스 그뤼네발트Matthias Grünewald의 〈이젠하임 제단화〉는 아마 1차 세계대전 전후로 가장 주목받은 독일어권의 예술작품일 것이다. 이 제단화 중 가장 많이 모사된 모티프는 그리스도의 부활을 담은 부분이었다. 어두운 배경을 뒤로 만돌라를 떠올리는 빛의 화환 속에서 그리스도가 승천하는 장면이다(사진 2). 그림은 오늘날 앤디 워홀의 〈메릴린 먼로〉처럼 당시에는 집단 기억에 속했다.

렌즈 모양의 형상 안에 들어있는 기하학적인 물체들(그림 34)은 건축의 요소들인 계단, 집의 일부, 문, 성문 등을 연상시킨다. 그것들은 어딘가 고정되어 있지 않고 허공에 뜬 모습으로 형상화되었다. 바닥에 대한 암시는 없다. 구도와 모티프는 건축의 요소를 추상화한 탑, 성문, 주택의 지붕, 길, 계단들, 창문과 지붕들을 보여주는 파울 클레의 그림들과 스케치를 연상시킨다. 기하학적 물체는 교육학자 프리드리히 프뢰벨이 만든 앵커스톤블록 같은 나무 블록을 떠올리게도 한다. 원색의 작은 인공 돌조각으로 만든 이 블록은 19세기 말부터 20세기 중반까지 인기를 끌며 어린이들의 방이라면 어디서나 볼 수 있었다. 접착제 없이 오로지 정역학에만 기초하여 작은 건축물을 만든 다음 다시 허물 수 있었다. 그러나 미술사가로서 나는 그보다 더 이전의 작품들, 18세기 말의 조반니 바티스타 피라네시Giovanni Battista Piranesi의 건축학적 환상에 대해서도 생각해본다. 피라네시는 도시의 풍경화들을, 특히 로마를 즐겨 그렸다. 그는 고대의 폐허, 사라진 과거 유산들의 가치에 특별한 관심을 가진다. 그의 작품으로 가장 널리 알려진 것은 〈상상의 감옥〉(사진 3) 같은 환상건축들이다. 그것들은 수수께끼 같은 건축물들을 보여준다. 무無로 사라지는 복도들, 강단으로 이어지는 계단들, 서로 포개진 궁형들. 때로 안과 밖이 명확히 구별되지 않는 공간들은 복잡하기 그지없다. 폐허와 공사장, 질서와 혼돈이 결합한, 꿈에서 본 것 같은 그림들이다.

사진 2. 마티아스 그루네발트
이젠하임 제단화, 예수의 부활
1506~1515, 콜마르, 운터린덴 박물관

사진 3. 조반니 바티스타 피라네시
1761, 〈상상의 감옥〉 중, "감옥 Ⅲ(둥근탑)"

닌—에 서 있는 형상을 어떤 비전, 꿈의 그림으로 읽을 수 있다. 한 사람을 가득 채우는 어떤 내용으로. 이것들은 파괴의 건축요소인가 아니면 건설의 요소인가? 자세히 들여다보면 모든 요소가 훼손되지 않고 깨끗하게 그려져 있다. 파괴의 암시는 없다. 그래서 나는 그것들을 파괴된 전체의 부분들로 해석하지 않고, 아직은 불확실하지만, 세움의 블록으로 본다. 그것은 불연속성의 공간으로, 응집의 가능성이 있으나 결과는 열려 있다.

붕괴

소묘에 제목이 없으므로, 나는 날짜에 초점을 둔다. 이 역시 미술사적 반응이다. 1929년은 역사상 기록적인 해이다. 1929년 10월 24일의 '검은 목요일'은 자본주의 역사상 가장 큰 파국을 대변한다. 뉴욕 증시의 주가 대폭락. 몰락은 오래전부터 예고되었으나 10월 말에 투자자들이 그들의 투자금을 일시에 회수함으로써 증시가 붕괴했다. 이는 미국의 거대한 우울의 시작이며 전 세계적인 경제공황을 의미했다.

미술사가이며 건축사가인 나는 그러한 경험이 비주얼 문화에 어떻게 반영되었는지에 관심이 간다. 나는 경제의 역사적인 변혁이, 다시 말해 가치의 해석과 재현의 변화가 한 시대의 그림에서 어떻게 공표되는가에 관심이 있다. 나는 예술이 역사의 변화를 '표현' 혹은 '도해'한다고 주장하지 않는다. 그보다 더 나는 그런 것들이 언어로 개념화되기도 전에 이미 비주얼 문화에서 변화가 감지된다고 믿는다. 무의식에 기반을 두고 그려진 상담치료의 그림들은 개인적인 것을 넘어 일반적인 것을 추론하는 원천이 된다. 미술 그리고 건축사가의 관점에서 나는 내게 당시의 변화를 더 잘 볼 수 있는 일종의 렌즈를 제공하는 그림에 관심이 간다. 그래서 한 개인의 내면을 향한 시선뿐 아니라, 앞서 암시했듯, 주관적인 것을 넘어서는 어떤 경향을 비추는 거울과 틀로 해석한다. 아몬드 모양의 형상은 이런 관

'그림 34'의 작가가 만돌라를 생각했는지, 그 혹은 그녀가 피라네시나 클레 혹은 다른 누군가의 작품을 알고 있었는지 모르지만, 중요한 것은 그게 아니다. 확신에 찬 형상화와 구성의 명료함, 능숙한 구도, 그리고 융의 아카이브에 실린 작가의 과거 연작들까지 살펴보면 창작자가 미술 교육을 받았으며 미술과 친숙했을 가능성이 농후함을 알 수 있다. 이 작품은 아마추어의 그림이 아니다.

이제 나는 그림들을 어떻게 해석할 것인가? 나의 학문 분야는 이로부터 무엇을 배울 수 있고, 역으로 나는 심리학에 어떤 것을 중재할 수 있는가? 제목은 없다. 그 말은, 내가 창작자의 의도 혹은 융의 해석에 의지할 수 없다는 말이다. 우리가 만돌라의 형상을 비전을 감싼 틀로 받아들인다면, 고정된 발 위—단단한 기반이 아

점에서 볼 때, 혼란에 빠진 세계의 비전으로 해석될 수 있다.

기존의 관계가 와해되고, 세계경제라는 건물은 개체로 허물어졌다. 개체들은 서로 결속 없이 사방으로 흘러가고, 구 재현체계는 더이상 유효하지 않다. 모든 개체가 한시적으로 중력을 벗어나 공중에 떠 있는 것 같다. 그럼에도 개체들 간의 선명한 식별이 가능하다. 그것들은 여전히 똑바로 서 있다. 재배치가 전적으로 가능해 보인다. 개체로 무너진 세계는 바로 이 개체들로써 다시 세워질 수 있을 것이다.

눈 모양의 몸이 가진 비전은 이 시점에서 같은 해에 루이스 브뉘엘이 살바도르 달리와 함께 만든 영화 〈안달루시아의 개〉(1929)의 한 장면과 구별된다. 한 남자가 여성의 눈동자를 면도날로 절단하는 모습이 클로즈업된다. 이 영화를 한번이라도 본 사람은 잊을 수 없는 장면이다. 그것이 견디기 힘든 생각이기 때문만이 아니라, 여기서 낡은 재현체계가 급진적으로 소멸하기 때문이다. 시각의 우세함이 붕괴되었다. 이 장면을 몇 달 후에 일어난 뉴욕증시 붕괴와 연관지어 이렇게 해석할 수 있다. 유효한 재현체계가 돌이킬 수 없는 과거가 되었다고.

적극적 상상

브뉘엘과 달리의 초현실적인 영화처럼 렌즈 모양 형상의 그림에서도 경제적 파국과의 관련성은 가설에 불과하다. 이 그림들이 뭔가 정의할 수 없는 것을 보여주고 있음을 증명할 수는 없으나 추측해볼 수는 있다. C. G. 융의 적극적 상상의 방법은 이와 관련해 큰 흥미를 유발한다. 융의 치료방법은 그의 여성 혹은 남성 환자들이 오래도록 상상한 내면의 그림, 꿈의 그림 같은 것들을 말로 표현하기 이전에 그림으로 형상화할 때에만 성공할 수 있다. 그들이 내면의 그림을 너무 일찍 말로 정의하면, 이것은 무의식을 통해 환자를 분석할 기회를 가지는 것을 막는다.[81] 내면의 그림은 언어적 재현

의 저편에 머물러야 한다. 스스로 변화해 자아에 다시 영향을 미칠 때까지는 말이다.

내가 어떤 예술작품을 해석하는 것도 적극적 상상과 비슷한 과정이라고 할 수 있다. 물론 그것은 내면의 그림도 꿈의 그림도 아니며, 누군가에 의해 의도적으로, 사유를 거쳐 제작된 예술작품이다. 손으로 만질 수 있고 물적으로 존재한다. 예술작품을 대할 때에도 시간을 둔 세심한 관찰이 필요하다. 인지한 것과 상상한 그림들의 경계는 명확하지 않고, 의미를 지나치게 빨리 고정해서도 안 된다. 각각의 정의—예를 들어 양식개념에 따른 분류, 작가의 귀속, 형상화된 소재에 대한 단일한 관점—는 의미의 폭을 좁힐 수 있다. 해석은 대상에 대해서만이 아니라, 독자들, 관조자들의 판타지에도 풍성한 여지를 제공하고 그들의 판타지를 고무해야 한다. 최고의 경우, 의미는 고정되지 않고 해석자, 대상과 독자 혹은 관조자 사이에서 계속 부유한다.

융의 적극적 상상의 방법에 가까운 것은 해석의 관점보다도 건축의 설계과정이다. 설계 중에, 그러니까 형태를 찾는 중심과정에서 그림과 개념, 스케치와 단어 사이에 지속적인 교류가 일어난다. 거의 모든 건축학과와 건축학 사무실에서 소위 컨셉 모델에 의한 설계도, 그러니까 마분지나 스티로폼으로 된 작고 매우 추상화된 3차원의 모델이 아이디어를 말 그대로 손에서 손으로 넘겨주는 것을 가능케 한다. 시험하고, 폐기하거나 계속 진행하기 위한 이런 모델들을 이용해 시각적인 것이 촉각적인 것과 연결된다. 공간이 줄곧 손가락과 손으로 경험된다. 상담치료 중에 환자의 움직임이 그림으로 갔다가 되돌아오고 다시 환자에게서 치료사에게로 향하는 것에 비해, 건축설계는 건축사에서 목적물을 거쳐 다른 건축사에게, 회화와 달리 적어도 두 사람의 입안자 사이의 협업을 거친다. 이것은 어째서 나의 내면의 차단기가 치료에 쓰인 그림들의 실물을 보자마자 해제되었는지를 설명해준다. 그 과정이 내게 익숙하게 느껴진 것이다. 형태가 다를지라도 건축설계의 경험으로부터 알고 있었으므로.

스케치나 그림을 그리는 사람을 바라보는 것은 전문가

가 아닌 문외한에게도 즐거운 일이다. 짓고 있는 건물이나 거리의 화가가 행인의 초상을 그리는 모습을 보고 멈추는 것처럼, 그림이 그려지는 과정의 매혹을 지나칠 수 있는 사람은 거의 없다. 설계 그리고 역사적 거리를 둔 치료 과정의 그림 연작들을 살펴보는 데도 이것이 적용된다. 이런 즐거움은 우리가 형상화 이전과 형상화, 무의식과 의식, 가능성과 실현 사이의 유희를 지켜보는 증인이라는 점에서 감동적이다. 이 과정에서 의미가 생겨나고, 변형되고, 해석의 가능성이 열리게 된다. 마지막에 선택된 다양한 결과는 수많은 가능성 중 하나일 뿐이다. 과정은 치료의 결론 혹은 건축 설계의 마감으로 멈춰지지만, 근본적으로 영원히 지속될 수도 있을 것이다. 설계도와 마찬가지로 분석도 기본적으로 끝이 없는 과정일 수 있다는 것이다. 이것이 그 과정의 아름다움이며 생명력인 것이다.

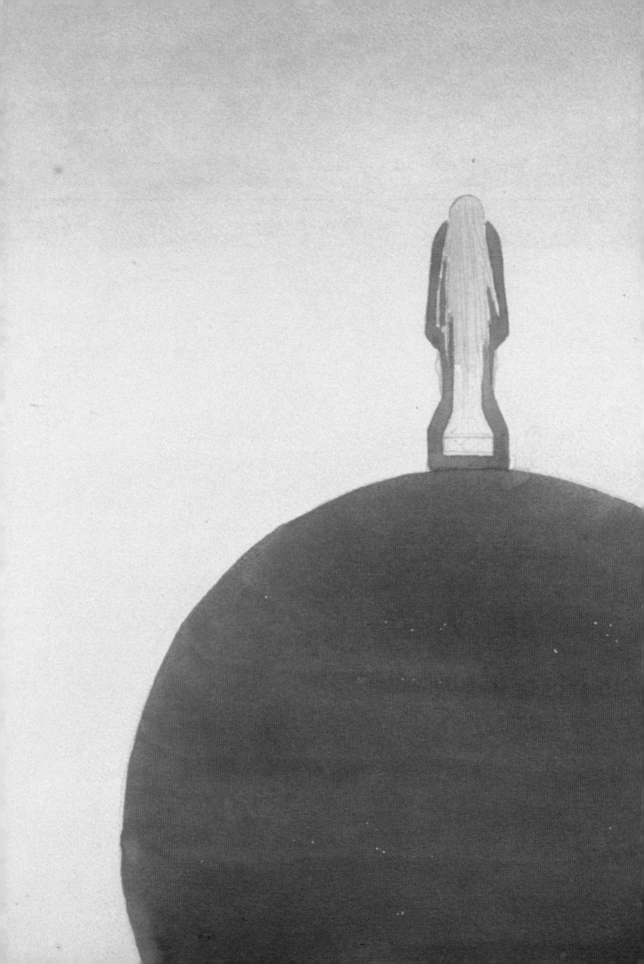

인간적인 것
그리고
비인간적인 것
도록

그림 155 작가 미상, 무제, 1926. 7월
종이에 과슈, 19x20,5cm
퀴스나흐트, 취리히 C. G. 융 연구소, 그림 아카이브, 015 AOAB

There are more dead than stars
There are more dead than leaves on all the trees
I shall be one of these.

그림 156 작가 미상, 무제, 연도 미상
종이에 과슈, 24x18,5cm
퀴스나흐트, 취리히 C. G. 융 연구소, 그림 아카이브, 011 AKAA

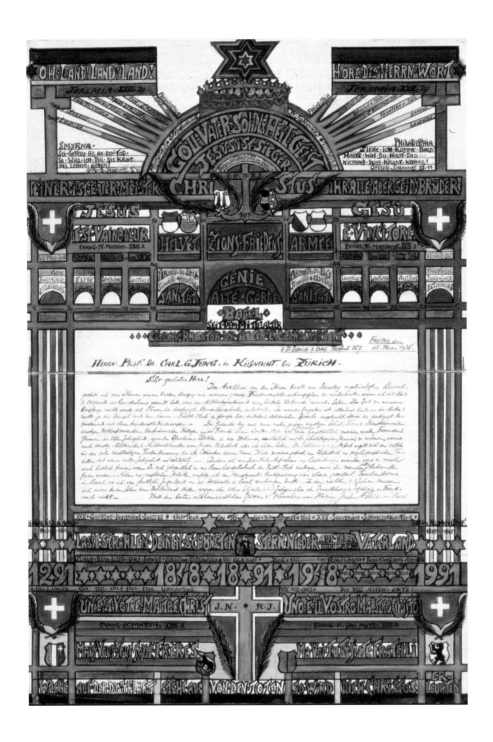

그림 157 작가 미상, 〈오, 땅이여, 땅이여, 땅이여〉, 1936. 5. 15
종이에 과슈, 잉크 45,5x31,5cm
퀴스나흐트, 취리히 C. G. 융 연구소, 그림 아카이브, 099 DUAN

그림 158 작가 미상, 무제, 연도 미상
종이에 파스텔, 31x25cm
퀴스나흐트, 취리히 C. G. 융 연구소, 그림 아카이브, 014 ANAB

그림 159 작가 미상, 무제, 연도 미상
종이에 파스텔, 20x39.5cm
퀴스나흐트, 취리히 C. G. 융 연구소, 그림 아카이브, 014 ANAA

그림 160 작가 미상, 무제, 1918
종이에 색연필, 23x30.5cm
퀴스나흐트, 취리히 C. G. 융 연구소, 그림 아카이브, 105 EBNB

그림 161 작가 미상, 무제, 1921. 6. 19
종이에 과슈, 32,5x25cm
퀴스나흐트, 취리히 C. G. 융 연구소, 그림 아카이브, 095 DQEN

그림 162 작가 미상, 무제, 1924. 9. 18
종이에 과슈, 32,5x25cm
퀴스나흐트, 취리히 C. G. 융 연구소, 그림 아카이브, 095 DQOT

그림 163 위: 작가 미상, 무제, 1924
종이에 과슈, 25x35cm
퀴스나흐트, 취리히 C. G. 융 연구소
그림 아카이브, 095 DQOK

그림 164 아래: 작가 미상, 무제, 연도 미상
종이에 과슈, 21x30cm
퀴스나흐트, 취리히 C. G. 융 연구소
그림 아카이브, 021 AUAF

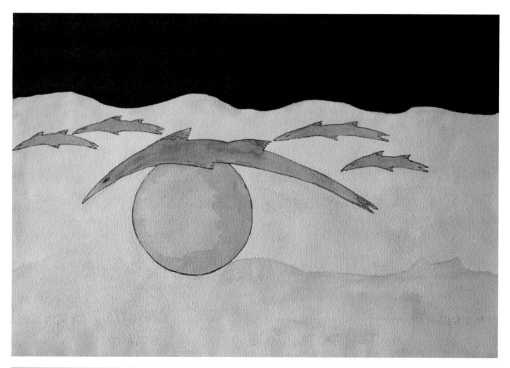

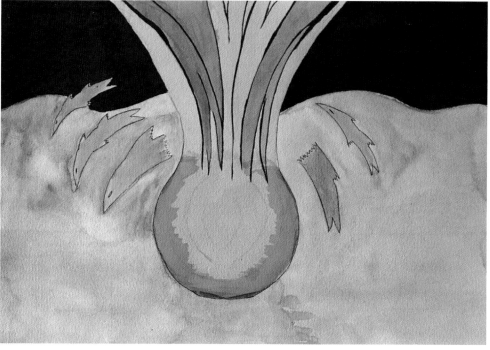

그림 165　위: 작가 미상, 무제, 1924. 1. 17
종이에 과슈, 26x28cm
퀴스나흐트, 취리히 C. G. 융 연구소
그림 아카이브, 029 BCAA

그림 166　아래: 작가 미상, 무제, 1924. 1. 18
종이에 과슈, 26x28cm
퀴스나흐트, 취리히 C. G. 융 연구소
그림 아카이브, 029 BCAB

그림 167 작가 미상, 무제, 1928. 6. 24
종이에 과슈, 28x22cm
퀴스나흐트, 취리히 C. G. 융 연구소, 그림 아카이브, 008 AHAM

그림 168 작가 미상, 무제, 연도 미상
종이에 과슈, 43x32 cm
퀴스나흐트, 취리히 C. G. 융 연구소, 그림 아카이브, 019 ASAI

그림 169 작가 미상, 무제, 1926. 7. 11
종이에 과슈, 14x14,5cm
퀴스나흐트, 취리히 C. G. 융 연구소, 그림 아카이브, 025 AYAE

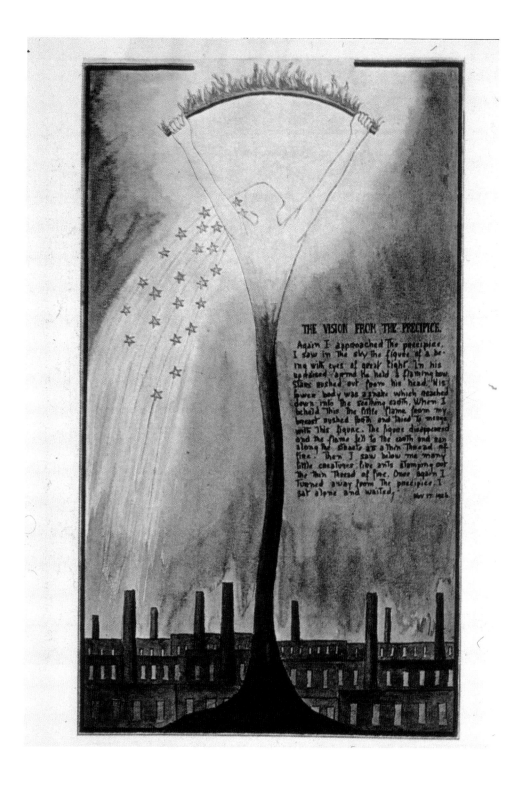

THE VISION FROM THE PRECIPICE.

Again I approached the precipice. I saw in the sky the figure of a being with eyes of great light. In his upraised arms he held a flaming bow. Stars rushed out from his head. His lower body was a snake which reached down into the seething earth. When I beheld this the little flame from my breast rushed forth and tried to merge with this figure. The figure disappeared and the flame fell to the earth and ran along the streets as a thin thread of fire. Then I saw below me many little creatures like ants stamping out the thin thread of fire. Once again I turned away from the precipice. I sat alone and waited. Nov 17. 1926.

그림 170 작가 미상, 〈타락의 비전〉, 1926. 11. 17
종이에 과슈, 먹, 22x14cm
퀴스나흐트, 취리히 C. G. 융 연구소, 그림 아카이브, 025 AYBR

I went forth into the market place. It was dark all was deserted
I stood alone. The great buildings still clashed together, and again
I saw the red mangled birds screaming up into the sky. A great
wind blew I saw winding through the streets a burial procession.
Men in black robes carried a bier I stood with my arms out-
stretched to stop them. They stopped. I said I would look upon the
corpse. I lifted the black pall. Beneath it there was nothing. I
called out asking - Where is the corpse - Then the men cried'in
a loud and awful voice "Behold. WE ARE THE DEAD." They tore
off their hoods and I saw their faces sad and ghastly in the
flickering light of the torches. They said the ground beneath our
feet is hot. Beneath us there must be life but we are dead -
I said - Dig you fools - They began to dig. Suddenly the paving stones
cracked and burst. A great fire rushed up from the earth with
volcanic fury. It cast forth wild beasts and half human figures. The
men shrieked and ran. The wild animals prowled down the
silent streets. The fire roared up and consumed the bier. I walked
away wondering if the whole city would be destroyed. All the
streets converged into one narrow way and I found myself again
descending the dark and narrow path. I sat down sad and weeping.
I said - Is there no end to this path into the valley which I must
travel. I wanted to pray. Then I knew that I could only pray to my
star. I drew it forth from my breast and laid it upon the ground.
I saw a new star grow to protect the circle from the threatening
red and black teeth. Crying with relief I put the star back into my
breast knowing that it had grown in sureness and in power. I began
to walk down the path. Suddenly a black horse thundered by. Upon him
rode a shagged naked man. From the waist down he had the black hair
of an animal. He caught up with me crying - Why do you walk. I will
show you the way. I tore myself free and seizing the bridle of the
horse I gave it a gigantic wrench the horse and rider fell to the
ground. The man freed himself from the horse. As he approached me
he turned into a dwarf. He said - You have pulled me from my horse
but I will torment you. Though I am dwarfed you will fear me - I said
stand up and assume your proper shape. You have the stature of a
man. You will walk now and you will show me the way down into
your country. It is strange to me. I have been long away.

그림 171 작가 미상, 〈보라, 우리는 죽은 자들이다〉, 연도 미상
종이에 과슈, 먹, 18x14cm
퀴스나흐트, 취리히 C. G. 융 연구소, 그림 아카이브, 025 AYBU

그림 172 작가 미상, 무제, 1928. 3. 3
종이에 과슈, 29x23cm
퀴스나흐트, 취리히 C. G. 융 연구소, 그림 아카이브, 039 BMBJ

그림 173 작가 미상, 무제, 연도 미상
종이에 과슈, 44.5x36cm
퀴스나흐트, 취리히 C. G. 융 연구소, 그림 아카이브, 043 BQAF

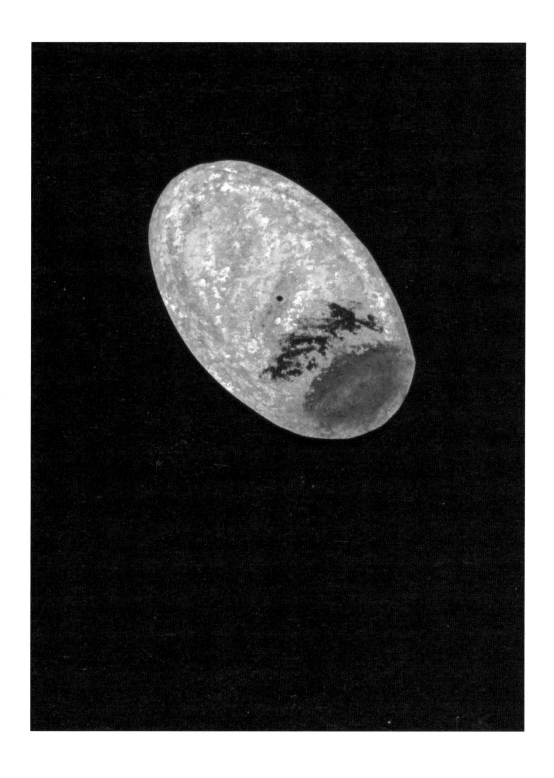

그림 174 작가 미상, 무제, 연도 미상
종이에 파스텔, 31x21cm
퀴스나흐트, 취리히 C. G. 융 연구소, 그림 아카이브, 071 CSAB

그림 175 작가 미상, 〈어두운 생각에 귀 기울이기〉, 1940. 9. 30
종이에 과슈, 29x21cm
퀴스나흐트, 취리히 C. G. 융 연구소, 그림 아카이브, 076 CXFN

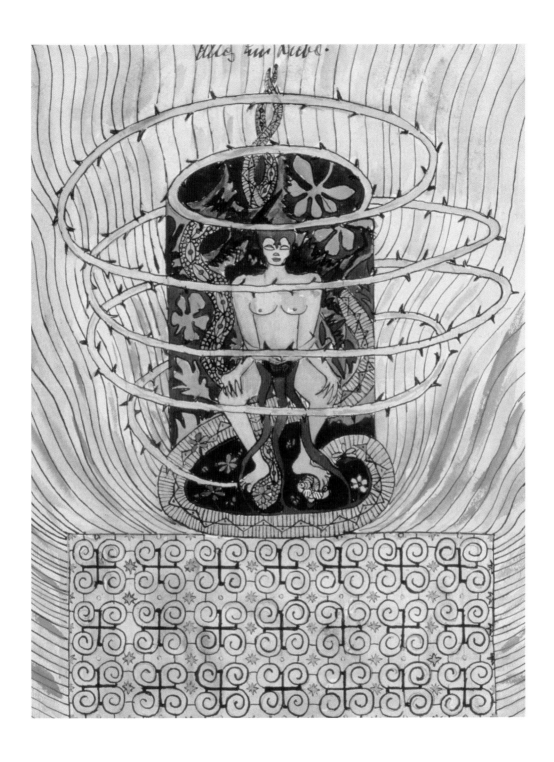

그림 176 작가 미상, 〈모든 것은 사랑에서 비롯하여〉, 연도 미상
종이에 과슈, 먹, 29.5x23cm
퀴스나흐트, 취리히 C. G. 융 연구소, 그림 아카이브, 026 AZAI

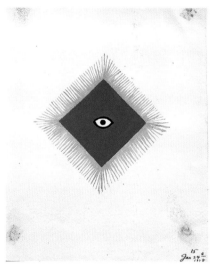

108쪽 루트 암만의 글에서 그림 77, 78, 79, 80 참고.

왼쪽 위: 작가 미상, 무제
뒷면에 텍스트, 1928. 1. 22
종이에 과슈, 29x23cm
퀴스나흐트, 취리히 C. G. 융 연구소
그림 아카이브, 039 BMAL

오른쪽 위: 작가 미상, 무제
뒷면에 텍스트, 1928. 1. 23
종이에 과슈, 29x23cm
퀴스나흐트, 취리히 C. G. 융 연구소
그림 아카이브, 039 BMAM

왼쪽 아래: 작가 미상, 무제
뒷면에 텍스트, 1928. 1. 24
종이에 과슈, 29x23cm
퀴스나흐트, 취리히 C. G. 융 연구소
그림 아카이브, 039 BMAN

오른쪽 아래: 작가 미상, 무제
뒷면에 텍스트, 1928. 1. 24
종이에 과슈, 29x23cm
퀴스나흐트, 취리히 C. G. 융 연구소
그림 아카이브, 039 BMAO

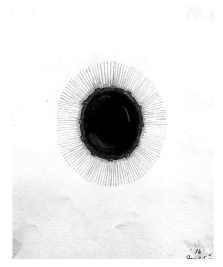

109~112쪽 루트 암만의 글에서 그림 81, 82, 83, 84 참고.

왼쪽 위: 작가 미상, 무제
뒷면에 텍스트, 1928. 1. 25
종이에 과슈, 29x23cm
퀴스나흐트, 취리히 C. G. 융 연구소
그림 아카이브, 039 BMAP

오른쪽 위: 작가 미상, 무제
뒷면에 텍스트, 1928. 1. 27
종이에 과슈, 29x23cm
퀴스나흐트, 취리히 C. G. 융 연구소
그림 아카이브, 039 BMAQ

왼쪽 아래: 작가 미상, 무제
뒷면에 텍스트, 1928. 1. 29
종이에 과슈, 29x23cm
퀴스나흐트, 취리히 C. G. 융 연구소
그림 아카이브, 039 BMAR

오른쪽 아래: 작가 미상, 무제
뒷면에 텍스트, 1928. 1. 30
종이에 과슈, 29x23cm
퀴스나흐트, 취리히 C. G. 융 연구소
그림 아카이브, 039 BMAS

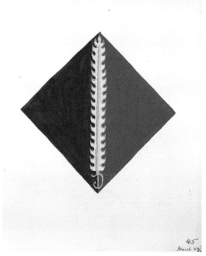

114~115, 118, 120쪽 루트 암만의 글에서 그림 85, 86, 87, 88 참고.

왼쪽 위: 작가 미상, 무제
뒷면에 텍스트, 1928. 2. 2
종이에 과슈, 29x23cm
퀴스나흐트, 취리히 C. G. 융 연구소
그림 아카이브, 039 BMAT

오른쪽 위: 작가 미상, 무제
뒷면에 텍스트, 1928. 2. 3
종이에 과슈, 29x23cm
퀴스나흐트, 취리히 C. G. 융 연구소
그림 아카이브, 039 BMAU

왼쪽 아래: 작가 미상, 무제
뒷면에 텍스트, 1928. 3. 24
종이에 과슈, 29x23cm
퀴스나흐트, 취리히 C. G. 융 연구소
그림 아카이브, 039 BMBU

오른쪽 아래: 작가 미상, 무제
뒷면에 텍스트, 1928. 6. 15
종이에 과슈, 29x23cm
퀴스나흐트, 취리히 C. G. 융 연구소
그림 아카이브, 039 BMCI

121, 123쪽 루트 암만의 글에서 그림 89, 90 참고.

왼쪽 위: 작가 미상, 무제
뒷면에 텍스트, 1929. 4월
종이에 과슈, 29x23cm
퀴스나흐트, 취리히 C. G. 융 연구소
그림 아카이브, 039 BMED

오른쪽 위: 작가 미상, 무제
뒷면에 텍스트, 1929. 6. 16
종이에 과슈, 29x23cm
퀴스나흐트, 취리히 C. G. 융 연구소
그림 아카이브, 039 BMEK

그림 177　작가 미상, 〈꽃나무〉, 1925년 무렵
비단에 자수, 55x35cm
퀴스나흐트, 취리히 C. G. 융 연구소, 그림 아카이브, 019 ASAF

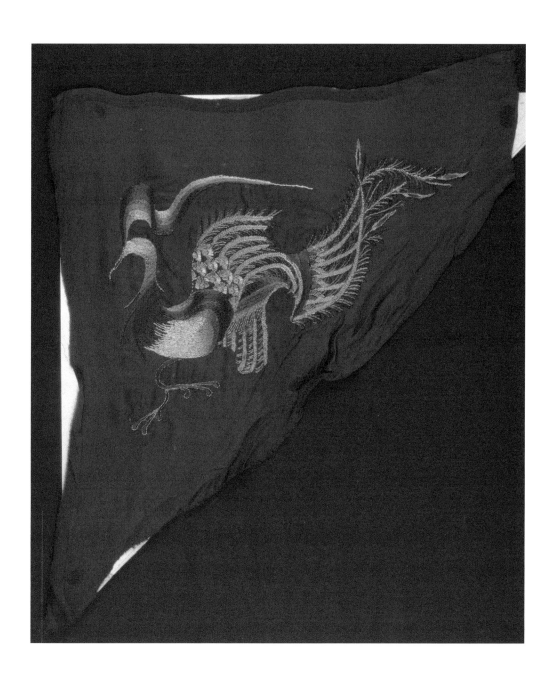

그림 178 작가 미상, 〈새〉, 1925
비단에 자수, 37x32cm
퀴스나흐트, 취리히 C. G. 융 연구소, 그림 아카이브, 019 ASAA

맺음말:
무의식의 그림의 오늘

잉그리트 리델

취리히 C. G. 융 연구소의 그림 아카이브

C. G. 융은 당대 중요한 심리학자들 중 유일하게 스스로, 그리고 의식적으로 자기 내면의 발전이라는 범위 내에서 그림과 조각품 들을 만들었다. 2008년 이후로 대중이 접할 수 있게 된 《레드북》[82]은 그의 그림과 관련된 연상 및 생각에 대한 인상적인 증거를 제시한다. 더 나아가 그는 이미 1917년부터 그의 많은 환자들에게 그들의 꿈과 환상에 대한 그림을 그릴 것을 격려하고 동기를 부여했다. 그로써 그들이 자신의 무의식의 입구를 열어 무의식에서 떠오르는 상징적인 소재들을 들여다볼 수 있게 하기 위함이었다.

융의 만년—그는 1961년에 사망했다—에 퀴스나흐트의 취리히 C. G. 융 연구소에 그림 아카이브가 설치되었다. 연구소의 분석가들 중에서 미술치료 작업의 가능성에 가장 관심을 가졌던 사람들 중 하나인 욜란데 야코비가 이를 위해 10000여 점의 소장품들을 수집했다. 초기에 가장 먼저 정리된 그림들은 1917년 것들이고 나머지는 이후 40여 년에 걸쳐 제작된 것들이다. 융에게는 환자들이 자신의 그림을 계속 바라볼 수 있도록 원본을 환자 스스로 가지고 있는 것이 중요했다. 그러므로 그의 수집품들 중 일부는 원작자들의 두 번째 완성품일 수 있다. 그와 달리 야코비의 진료실에서 수집한 그림들은 모두 원본이다. 그녀는 2차 완성품을 비판적으로 보았다. 그림을 처음 그릴 때 느꼈던 정서적 충동이 복사본에서는 빠진다고 여겼기 때문이다. 그녀에게는 아카이브에 대한 자기만의 구상이 있었다.

야코비는 이 그림들을 체계화하기 시작했고, 개념과 주제에 따라 목록을 만들고자 했다. 형태와 형상들 뒤에 숨은 원형의 상징들을 가시화하려는 이러한 시도는 지금도 여전히 완결되지 않았다. 연구소 소속의 연구자이자 큐레이터들이 많은 노력을 기울이고 있음에도 불구하고, 특히 야코비의 그림들은 아직 많은 연구가 필요하다.

광범위한 그림수집의 의도는, 이 분야의 학생·교수·연구진에 그림치료의 초창기에 만들어진 영감을 주는 자료들을 제공함과 동시에 이 그림들을 관조하며 무의식의 언어로 향하는 입구를 찾는 데 있다. 오늘까지 창작자에 대한 정보(성별, 나이 그리고 치료의 원인)가 알려지지 않은 그림들의 경우에는—야코비의 수집품 대부분을 차지하는—제한적인 평가만이 가능하다. 여하튼 그림들은 무의식의 상징과 원형을 중재한다. 또한 융 스스로가 본 것, 또는 그가 그의 진료실에서 스스로 보게 된 것을 실제로 들여다볼 수 있게 해준다. 이 책에 실린 글들은 그에 관한 관심을 환기한다. 대개의 역사적인 사건들—1941~1945년의 폭격전 같은—에 융은 감정적으로 매우 밀착했던 듯 보인다.

C. G. 융과 욜란데 야코비의 유형을 따른 미술치료의 시작

욜란데 야코비는 그림 아카이브를 만들고 활용하는 과정에서 적극적으로 동참했음은 물론 그림과 형상화 작업의 치료효과에 대한 융의 생각과 융 유형의 미술치료를 처음으로 개념화하고 체계적으로 정리한 사람이라고 할 수 있다. 그녀는 여러 편의 논문을 작성한 후인 1969년 무렵, 그녀의 책《영혼의 그림 왕국》에서 미술치료의 개념을 소개하고, 동시에 실제 임상에서 적용할 수 있는 심리치료작업의 풍부한 가능성을 펼쳐 보였다.[83] 이 책에서 그녀는 자신의 수집품에서 196점의 그림들을 골라 창작자별로 분류하고, 내담자의 그림과 관련된 정보들은 물론 각자의 인생사의 주제를 서술했으며, 이를 다시 형상화방법과 그림의 상징론과 연결하여 그림을 그리거나 보면서 진행하는 치료 과정을 통찰할 수 있게 했다. 오늘까지 야코비의 고전적인 교재는 여전히 유효하다. 이는 교재를 넘어 융 유형의 심리분석에 기초한 미술치료의 실전 안내서이며, "무의식의 그림"—융의 표현—과 그 세심한 해석을 이해하기 위한 모든 기본요소들을 포함한다.

형가리 태생의 욜란데 야코비는, 연구소의 공동작업을 위해 융에게 전제조건이었던 심리학을 전공했다. 1927년부터 C. G. 융과 교류하고 경력을 쌓았으며 1934년 즈음 빈에서 샬롯테 뷜러와 카를 뷜러의 지도하에 철학박사 학위를 받았다. 당시에는 의학적인 연구와 작업이 주류였다 하더라도 심리학자로서 그녀는 정신의 문제를 미술로 표현하는 것에 대한 신경정신과적 연구성과를 모르지 않았다. 그리고, 한스 프린츠호른, 발터 모르겐탈러와 한스 오스카르 피스터[84]의 '정신질환자'의 스케치와 그림에 대한 기본 안내서들을 참고할 수 있었다.[85] 비슷한 시기에 테스트심리학도 이미 발전하여, 공간상징학의 도식을 토대로 하는 필적학과 더불어 인기를 끌고 있었다. 야코비는 필적학의 상징Symbolik을 그림의 공간상징에 적용하는 시도도 했다. 융의 가장 중요한 제자의 한 사람으로서 그녀는 분석심리학에 기초한 미술치료의 획기적인 새로움을 알아보고 그 기초를 세우는 데 적임자였다. 분석심리학에 기초한 미술치료란 그림을 그리는 과정에서 무의식을 고려하고, 무의식과 의식을 의미 있게 연결하는 것에 관한 것이 아닌가.

융 자신도 일찍이 환자의 정신상태를 회화적 형상화를 통해 읽어내려고 시도했다. 1926년 인도의 학자 하인리히 침머와의 만남은 영혼의 그림에 대한 그의 심층심리학적 연구에 중요한 동기를 부여했다.[86] 침머에 의하면, 그림들이 효과를 갖기 위해서는 형식(기하학적인 도형), 형상, 의미를 전달하는 표현력 및 그것을 창작하고 관조하게 하는 올바른 신념이 필요하다.[87]

1929년부터 융은 이미《심리치료의 목적》[88]에서 상담치료실에서 회화적 창작물을 권유하는 그의 방법을 서술하고, 몇 년 후《'개성화과정'의 경험론에 관하여》[89]에서는 그가 자신의 환자들에게 "꿈 혹은 환상에서 본 것을 실제로 그리도록" 격려한다.[90] 그것은 예술이 아니라 더 많은, 다른 것에 관한 것이며, "환자 스스로에 대한 생생한 효과"[91]를 다룬다. 융은 형상화과정 자체를 일종의 적극적 상상으로 보았다. "게다가 그림을 재료로 형상화하는 과정에서 환자가 그림의 각 부분을 관조하게 만듦으로써 그 효과를 온전히 발휘하게 할 수 있다."[92]

미술치료는 의식적인 것에 가까운 요소도 포함한다. 창조적 행위가 갖는 이러한 요소는 무의식에서 떠오르는 이미지를 의식에 중재시키기에 더없이 적합하다. 이것은 심리치료 시간에 환자와 치료사 사이에 오가는 대화나 그림의 심층심리학적 해석을 통해 심화한다.《심리치료의 목적》에서 융은 다음과 같이 설명한다: "(⋯)그가(예를 들어 환자 잉그리트 리델) 소위 자기를 그리는 동안, 그는 자신을 형상화할 수 있다."[93]

이런 의미에서 각각의 그림은 하나의 자화상이고, 이 그림을 형상화함으로써 자신의 존재 형상을 만든다.

"이 방법으로(…) 환자는 창의적, 독립적으로 변화한다." 함께 참여하는 치료사와의 시간 이후에도 "예를 들면 환자는 그가 그림을 통해 끔찍한 영혼의 상태에서 어떻게 구해지는지 몇 번만 경험하면 된다. 상태가 나빠질 때 곧바로 이 방법을 쓸 수 있도록 상징적인 그림을 완성하는 것이다. 그것으로 그는 가늠할 수 없는 무엇인가를 얻는다. 독립을 향한 계기, 심리적인 성숙을 향한 과정을."[94]

융은 영혼의 그림 현상을 명확하게 다루고자 하는 침머의 접근방법을 실행에 옮겨 계속 발전시켰고, 1957년 '정신분열'[95]에 관한 그의 마지막 신경정신과 강연에서 심리치료의 성공적인 치유를 위한 회화적 형상화의 중요성을 다시 한번 강조했다. 이런 미래지향적인 아이디어를 제기했음에도 그는 여하튼 이 모든 테라피의 양상을 요약하는 논문을 남기기도 미술치료의 심리적-방법적 개념을 제안하지도 않았다.

이것을 한 사람은 욜란데 야코비다. 미술치료에 관한 그녀의 입문서인 《영혼의 그림 왕국》의 이론 부분은, 우리에게 그림의 해석을 지도할 수 있는 기본관점을 상세히 설명한다. 덧붙여지는 실전의 예로서, 그림 연작도 제시한다. 또한 그녀의 진단방법이 적용되는 광범위한 분야에 관해서도 서술한다. 예를 들면, 강박과 같은 특정한 정신장애 환자의 그림이나 심각한 정신위기의 취급부터 영적인 영역들까지 포함한다. 특히 해석의 예로 제시된 18살 소녀의 부정적인 모성 콤플렉스를 다루는, '삼키는 엄마'[96]라는 그림에서 야코비는 그녀가 매번 그림을 관조할 때마다 추천하는 다음과 같은 해석요소들을 동원한다.[97] 우선은 그림의 일반적인 인상과 표현의 특성을 인식한다. 그다음 그녀가 항상 상세히 설명하는, 그림에 사용한 재료와 기법을 인식해야 한다. 이어 공간상징학의 도식에 따른 그림과 공간의 관계를 관찰하는 과정이 뒤따른다. 공간상징학의 도식은 당시에 유행하던 필적학과 유사하다. 비례의 의미, 그림의 구성, 움직임과 움직임의 방향, 구도 등에 대한 질문도 뒤따른다. 거기에 그녀는 기본적으로 색의 질감은 물론 그림을 구성하는 개별적인 요소

들 사이에 나타나는 숫자의 관계, 그리고 마지막으로 그림의 구성요소 자체, 그것들의 개별적이고 집단적인 상징에 대해 질문한다.

마지막 장인 '미술치료'에서 야코비는 심지어 한 병원에서의 환자그룹과의 경험을 바탕으로 그룹치료에 대한 접근을 발전시키기도 했다. 마지막 장을 시작하며 그녀는 자신의 그림 작업의 관점에 대해 주목할 만한 요약을 제시한다.[98] "20여 년이 넘도록 나는 융이 언급한 대로 '무의식의 그림'에 대한 체계적이고 방법론적인 해석을 완성하려고 노력했다. 특히, 그림이 그려지는 동안 진단이 가능하게 하려 했다. 이것은 내게 그림의 표현과 상징이 함유한 것들에 대해 귀중한 통찰을 얻도록 해주었다. 그것들은 내가 나의 내담자들의 영혼의 장막 뒤편을 볼 수 있게 해주었고, 그들과의 보이지 않는 새로운 관계를 만들어냈다. 놀랍게도 그러한 그림을 이해함으로써 전이가 이루어졌다. 전이 속에서 말 없는, 그러나 그러기에 분석가와 피분석자의 무의식의 영역에서 더욱 역동적이고 비밀스러운 합일이 이루어진 경험이 드물지 않았다. 피분석자의 무의식에서 나타난 그림은 분석가의 무의식 안에서 조용히 머물던 같은 그림 혹은 유사한 그림을 어루만져, 소위 효과를 유발했고 그로써 영혼의 화음에 작용했다. 이해받았다는 느낌을 불러일으킨 것이다."[99] 그러므로 전이와 역전이의 더 심화한 형태가 형상화와 치료과정에서 함께 그림을 바라보며 나타난 것이다.

욜란데 야코비가 융 유형에 기초한 그룹 치료를 시도했음은 충분히 알려지지 않았다. 기본적으로는 개별 치료개념에 기초한 것이지만 참가자 누구나 자신의 무의식과 그림을 그룹에서 분담할 수 있었다. 당시 개방적이었던 취리히베르크 종합병원의 원장 하인리히 카를 피에르츠 박사 덕분에 그녀는 여덟 명에서 열다섯 명에 이르는, 구성원이 유동적인 환자그룹을 대상으로 그룹실험과는 상이한 증상을 실험할 수 있었다.

책의 마지막 장에서 야코비는 그녀의 방법론을 기술한다. "나는 핵심어, 즉 누구나 그의 방식대로 좋아하는 소재와 색을 사용하여 종이 위에 고착시킬 모티프

를 제시한다. 이로써 공동의 주제를 가진 하나의 작업이 궤도에 오른다. 나 자신도 함께 그림을 그리므로 참가자들은 나와도 결속된다. 나는 그리기에 너무 큰 수고가 필요하지 않도록, 가능한 간단한, 그러나 원형적으로 의미 있는 주제를 선택했다. 물고기, 새, 나무, 꽃, 분노, 원-삼각형-사각형, 눈, 태양, 달, (…)기쁨, 악마, 마녀 같은 것들이 그림 모티프였다. 구체적인 것, 상징적인 것과 추상적인 것이 종종 섞여 있었다. 환자가 그릴 모든 모티프들은 원형의 기본패턴에 근거해야 했다. 환자의 반응을 유도하고 참가자들의 무의식과 연관 짓기 위해서였다. 그 과정에서 여러 가지 요소가 작용할 것이라는 게 나의 기대였다. 첫째 자기표현의 가능성, 즉 무의식의 고백; 둘째 누적된 감정의 해소로서의 행위, 방혈과 같은 감정의 관장; 셋째 항상 상징의 출현 결과로 나타나는 심리적 에너지의 재배치, 말하자면 원형 그 자체의 그림되기, 그러니까 우선 정신의 배후에 존재하는 잠재성을 활성화시킨다는 말이다.[100] 그림을 그리는 도중에 이미 그녀는 공동의 형상화가 만들어내는 좋은 분위기를 인지했다. 각 주제는 고립으로부터 개별적인 것을 끄집어내는 촉매의 성질을 가지고 있었다.[101]

야코비는 계속해서 그녀의 접근법에 대해 말한다. "한 시간쯤 흐른 다음 각각의 그림들을 돌려보며, 서로 얘기를 나누고 저마다 나로부터 간단한 혹은 좀 더 상세한 해석을 듣는다."[102] 그녀는 그것을 이렇게 실행한다: "나는 가능한 한 색, 숫자, 공간, 비율, 그림 요소들의 상징에 대해 상황진단과 관련된 조심스러운 암시를 주려고 시도했다."[103] 대개 분위기는 놀랍게 고무적이었다. 이따금 동참하려 하지 않거나 어렵게 설득한 다음에야 합류하는 환자들이 있었으나 결국 인정하게 되었다. "재미있었어요. 나는 완전히 다르게 상상했는데!"[104] 의심할 바 없이 원형의 배경을 가진 도발적인 주제인 '악마'에 대해, 예를 들면 40대의 신경증 여성 환자는 불가사리와 같은 그림을 그렸다.[105] 이 악마는 심층에서 솟아오른 것일 것이다. 그에 대해 야코비는 "촉수와 같은 이파리의 끝에 혀를 날름거리는 듯한 악

마적인 것이 있다." 어딘지 유혹하듯 위험한, 누군가를 낚아챌 수 있는.[106] 검붉은 꽃잎 혹은 불가사리로 나타난 악마다.

다른 28세의 여성은 불처럼 타오르는 살아있는 악마를 그렸다. "매부리코, 재밌는 머리장식과 연미복을 입은 악마는 여기서 불을 뚫고 역동적으로 걸어가는 인물이다."[107] 그는 그림을 그린 여성의 무의식 속에 사는 인물이다. 그림의 왼쪽이, 자주 그렇듯, 내면으로의 방향을 보여주고 있다. 그러니까 참가자 자신을 향하고 있기도 하다. 이 인물은 그림을 그린 여성, 과거 거식증을 앓았고, 이제 치유되어가고 있는 자신의 새로운 가능성을 보여주기도 한다.

그룹 치료의 초기형태에서 욜란데 야코비가 어느 만큼 유머를 가지고 능동적으로 참여하고 자신을 과감히 내보였는지는 그녀가 그린 그림, 스스로 이름 붙인 "악마적인 소녀"가 잘 보여준다. 거기에 그녀는 이렇게 덧붙인다. "보다시피, 나 역시 예술가가 아니다. '악마적인' 소녀는 그림에서 눈을 감고 있다. 그러나 흠, 눈을 뜨기만 해 보라지!"[108] 그녀가 눈을 떠 그룹의 구성원들이 이제 막 그린 그림을 보게 된다면, 물론 환자들은 한눈을 찡긋하며 그 말에 동의했을 것이다.

그룹을 이끄는 치료사가 함께 그림을 그리는 것이 전이의 상황에서 볼 때 도움이 될지 혹은 방해가 될지를 오늘날의 융 유형의 그룹미술치료에 비추어 되물을 수 있을 것이다. '악마', '마녀'와 같은 모티프들이 원형적인 모티프일지라도 그룹치료에 꼭 적당한 것인지에 대해서도 마찬가지다. 융 유형의 그룹미술치료에 대한 첫 시도로 야코비의 시도는 충분히 인상적이고, 기본적인 요소들을 갖추고 있다. 상징적인 모티프 제공, 그룹구성원들 사이의 그림에 대한 공동 대화, 그룹을 지도하는 사람의 참여 등은 오늘날까지 치료에 대한 지침으로 남아있다. 간혹 의견을 달리한다 해도, 과거 그룹치료에 사용된 수많은 이 그림들은 그림 아카이브의 귀중한 유산이며, 여전히 많은 연구자의 관심을 기다린다.

융 유형의 미술치료의 지속적인 발전

욜란데 야코비 이후에 융 유형의 미술치료는 어떤 식으로 발전했을까? 1969년 이후로는 한동안 누구도 미술치료를 시도하지 않았다. 그러다가 내가 크리스타 헨즐러Christa Henzler와 함께 공동 저서《미술치료. C. G. 융의 분석심리학에 기초한 개론》에서 심층심리학적 미술치료의 개념을 발표한 1992년에야 다시 이런 움직임들이 시작되었다. 이 실전교재는 쇄를 거듭하여 출간되었고, 2016년의 최신 증보판에서는 처음으로 환자의 그림에 근거한 미술치료의 수퍼 비전 가능성이 제시되기도 했다.[109]《미술치료. C. G. 융의 분석심리학에 기초한 개론》은 형상화과정에서의 무의식의 열림과 통합을 기술하고, 심층심리학적인 해석을 동원해 그림에 관해 대화를 나눔으로써 무의식과 의식이 결합하는 과정을 보여준다. 이 책에서 우리는 미술치료의 효과를 유발하는 요소를 다음과 같이 명시한다: 1) 그림의 형상화 과정 자체, 2) 그 과정에서 일어나는 상상-상징화 과정, 3) 대화와 해석의 과정, 4) 그 과정에서 일어나는 만남과 전이의 과정. 무의식으로부터 형상화된 그림의 해석을 위한 초석으로 내가 연구한 것들은 '색', '형태들', 그리고 '그림들'이다.[110]

크리스타 헨즐러와 나는 2008년, 12년 넘는 기간 동안 환자들은 물론 상담 수련생들과의 경험을 거친 후에, 그룹 형태의 미술치료에 대한 광범위하고 세밀한 성찰이 담긴《그룹 안에서 그리기》[111]를 출간했고, 앞선 책에서 언급했던 접근법을 다시 다루기도 했다. 브리기테 도르스트Brigitte Dorst도[112] 1990년 이래, 융 유형의 그룹치료를 바탕으로 한 치료개념을 연구하고 상상과 상징, 그림을 그룹치료에 통합시키는 과정에 대해 늘 새로운 지침이 될만한 내용들을 제안했다. 최근에는《상징을 수반한 테라피 작업. 내면의 그림 세계를 향하는 길들》(2015년, 2차 증보판)을 펴냈다.

수잔 바흐Susan Bach가[113] 1961년부터 이미 런던의 종합병원에서 "외과 분야에서의 즉흥적 그림과 스케치"에 대해 연구했으며, 후에 백혈병을 앓는 어린이들과 어린이 그룹으로 범위를 확장했다는 사실도 잊혀서는 안 되겠다. 여기에 그녀의 광범위한 심신상관 분야의 경험이 더해졌다. 무엇보다 독일어권의 C. G. 융 연구소—특히 취리히와 슈투트가르트의 융 연구소—에 의해 융과 야코비의 이론에 따른 미술치료가 정착되었고, 이 기관들은 미래의 분석심리학자들을 위한 교육은 물론 연구 프로그램을 지원하고 있다.

C. G. 융 연구소의 루돌프 미헬Rudolf Michel은[114] 자신의 세미나와 강의에서 무의식의 그림들을 해석하는 데 많은 도움을 주는 정교한 공간상징의 도식을 개발했으며 풍부한 사례로 이를 입증했다. 예를 들면 그림의 오른쪽 아래 영역에서 자주 특별한 보호의 상징이 발견되기도 하지만, 상응하는 사례에서는 그 반대의 상징이 발견되기도 한다.

헬렌 잉게보르크 바흐만Helen Ingeborg Bachmann은 초기 유년기의 분리 발달단계와 그림 형상화에 의거한 개성화과정을 연구해, 그 결과를 1985년《삶의 흔적으로서의 그림》[115]이라는 제목으로 선보였다.

같은 해에 우르줄라 바움가르트Ursula Baumgradt의 상세한 책《어린이 교육-영혼의 거울》[116]도 출간되었다. 슈투트가르트 C. G. 융 연구소는 우르줄라 에셴바흐Ursula Eschenbach[117] 이후로(그러니까, 이미 1978년부터) 어린이와 청소년의 발달과정에서 나타나는 그림에 대해 꾸준히 주목해왔다. 1993년 레나테 다니엘Renate Daniel이 쓴 풍부한 내용의 책《무의식을 그림으로 나타내는 과정에서의 원형의 징표》[118]가 그 예다. 이어지는 취리히 C. G 융 연구소의 연구들은 신경정신과 분야에서의 융 유형의 미술치료의 가능성을 시사한다. 1979년 파울 브루트셰Paul Brutsche는[119] 그의 논문〈피분석자가 그린 스케치의 시점이 갖는 의미에 대하여〉에서 환자가 어떤 식으로 자신의 관점을 형상화하는지 연구하여 정신병 환자의 자아-콤플렉스 구조에 대한 주목할 만한 귀납적 추론을 이끌어냈다. 사례별 그림치료의 적용에 대해 만프레트 크라프Manfred Krapp[120]와 마르기타 기에라-크라프Margitta Giera-Krapp[121]의 석사논문은 근본적으로 새로운 관점을 제시한다. 만프레트 크라프는 그의 작업 〈정신이상자의 심리치료를 돕는 형상화치료〉에서 가에타노 베네데티Gaetano Benedetti[122]의 기초작업을 소환하며 급성 정신이상자를 대상으로 한 미술치료에 대해 경고한다. 마르기타 기에라-크라프는 그녀의 논문 〈초기 장애의 치료에 관한 연구〉에서 무엇보다 양극성 장애 환자들의 심리적 붕괴 이후에 미술치료가 갖는 효과를 강조했다. 만프레트 크라프[123]는 또 신경정신과 남녀 환자들로 구성된 그룹미술치료에 대해 인상적인 새로운 연구결과를 내놓기도 했다.

게슈탈트치료(형상화치료)—이 표현은 귄터 클라우저[124]가 1960년에 도입했다—는 오늘날 입원 환자의 심리치료 개념으로 강화되었고, 무엇보다 심신상관적 고통을 치료하는 데 적용된다. 외래 치료에서는 미술치료가 무엇보다 중독의 치료와 후속 처치에서, 불안장애와 우울증, 특히 자기애적 장애를 겪는 사람들에게서 효과를 입증했다.

자기애적 장애를 가진 사람이—심신상관 의학의 광범위한 환자군을 포함하여—상징화와 이를 통한 형상화를 실행할 수 있는가에 대해서는, 이 분야 환자들의 긍정적인 경험들에 의거해 상징화의 기초적인 자질이 있다는 긍정적인 결론이 내려졌다. 여하튼 치료사들의 확실한 지도가 뒷받침되는 경우에 한해서는 그렇다. 무엇보다 게르트라우트 쇼텐로어Gertraud Schottenloher[125]의 박사 학위 논문 〈육체치료 방법을 고려한 즉흥적 회화 형상화의 치료 잠재성〉 이후의 연구들도 초기장애를 겪는 사람들에 대한 미술치료의 효과를 입증하고 정당화할 수 있었다. 소위 '모성영역'의 정서 내지는 긍정적인 모성 콤플렉스는 쇼텐로어의 미술치료의 기반이다. 특히 그룹치료의 경우 그렇다. 홀그리트 가브리엘Holgrid Gabriel[126]의 〈C. G. 융 유형의 미술치료 방법을 동원한 초기 장애의 치료〉 연구도 비슷한 방향으로 진행된다. 점점 더 정교해지는 심층심리학적 그림해석의 특별한 방법론도 주목을 받았다. 테오도르 아프트Theodor Abt[127]는 2005년 출간된 그의 입문서 《융 심리학적 그림 해석 입문》에서 위와 같은

내용을 발표한 바 있다.

크리스타 헨슬러[128]의 1985년 석사학위 논문 〈심층심리학적 해석-접근법을 고려한 미술치료의 양상〉도 같은 문제를 취급하고 있다. 그녀의 몇몇 연구결과들은 우리의 책 《C. G. 융의 분석심리학에 기초한 미술치료 개론》에 영향을 주었다. 린다 브린들Linda Briendl[129]은 2003년 융 유형의 미술치료에 대한 귀중한 연구자료들을 발표했다. 감정 연구 분야를 중점으로 '감정의 표현으로서 창의력'을 조명한 글이다. 크리스타 헨슬러와 나는 2004년 《살아남기 위한 그림. 창의적인 애도의 길》[130]을 함께 출간했다. 2003년 헨슬러의 글 〈죽음에 맞서는 그림. 애도 기간을 견뎌내는 그림의 기능〉[131]이 먼저 발표되었다.

플로라 폰 슈프레티Flora von Spreti, 한스 푀르스틀Hans Foerstl과 필립 마르티우스Philipp Martius[132]가 함께 쓴 입문서 《정신장애의 미술치료》에도 필자와 베레나 카스트가 쓴 미술치료가 애도과정에서 갖는 특별한 심리적 효과에 대한 글이 실렸다.

융 유형의 수많은 심리학 입문서들에서, 그리고 1990년 처음 출간된 베레나 카스트의 책 《상징의 역동. 융 유형의 심리치료의 기초》[133]나 브리기테 도르스트Brigitte Dorst의 교재 《상징을 이용한 치료작업. 내면의 그림의 세계로 가는 길》[134]에서 미술치료는 이미 정당한 위치를 갖게 되었다. 마찬가지로 앞서 언급한 슈프레티, 푀르스틀이나 마르티우스의 《정신장애의 미술치료》와 같은 저서들도 융 유형 이론의 출발점으로서 자리를 잡았다.

병원에서의 미술치료

결론으로 어떻게 "무의식의 그림"이 오늘날의 심리치료에 반영되고 방법론적으로 체계화되었는지에 대해 몇 가지 더 언급하고자 한다.

오늘의 그룹 형태의 미술치료 작업에서는 욜란데 야코비의 방법론이 여전히 반영되고 있다. 예를 들어 매번

하나의 상징을 여럿이 함께 상상하고 그리도록 제안하는 행위가 그렇다. 개별 그룹구성원이 공동으로 하나의 상징 영역의 심층―예를 들면 네 개의 요소 혹은 기본색들―으로 빠져들어 그곳에서 자신이 형상화할 수 있는 개인적인 경험과 그림들을 찾을 수 있도록 한다. 이렇게 그려진 모든 그림들을 공동으로 감상하고 그룹 지도자와 함께 신중하게 해석하게 된다. 이러한 그룹 형태의 치료 효과는 깨어 있는 형상화과정을 통해, 무의식의 입구를 여는 상상의 과정을 연결하는 데 중점을 둔다. 완성된 그림들에 관해 대화를 나누는 동안―꿈의 해석과 비슷하게―그림은 마침내 개별구성원들의 구체적인 삶과 연결된다. 이를 통해 구성원들이 서로를 알게 되고 더 잘 이해하게 되며 이것이 그룹 차원의 치료 효과를 배가하는 것이다.

오늘날 시행되는 '무의식의 그림'을 이용한 개별 치료 역시 근본적으로는 융과 야코비의 개념을 따른다. 독립적인 그림―꿈의 모티브, 상상화 혹은 삶의 주제, 아마도 이미 치료시간에 취해지거나 이미 말해진―을 환자에게 위임하고, 환자가 집에서 그린 그림을 상담시간에 가져와 치료사와 함께 해석을 시도한다. 융이 그랬던 것과 마찬가지로 오늘날에도 이 경우에 그림들은 각각의 그림이 모여 일정한 연작이 된 이후에야 논의의 대상이 되곤 한다. 연작을 통해, 그림에서 그림으로 이어지는 그때그때의 변화와 발전단계를 더 정확히 알아낼 수 있기 때문이다. 이는 그림을 그리는 환자들 자신은 물론 치료사들에게도 해당한다. 어쩔 수 없이 생겨나는 치료의 공백기―예를 들면 휴가라든지―에도 환자들은 그림을 그리며 그들의 주제를 놓지 않고 의미 있는 시간을 보낼 수 있다.

극적인 치료 과정에서, 예를 들면 어떤 트라우마가 터져 나와 활성화된다든지 할 때, 환자들이 치료사의 상담실에서 상담 도중에도 그림을 그릴 수 있게 격려하는 것은 긍정적인 효과가 있는 것으로 입증되었다. 환자가 그림을 그리는 동안, 치료사는 불안이 엄습하는 환자의 상황을 더 잘 포착하여 지도할 수 있고, 동시에 그림의 상징화 과정 속에서 환자가 꿈을 처리하는 작업을 더 잘 인식할 수 있기 때문이다.

치료시간에 환자와 치료사 들이 이따금 함께 그림을 그리는 것도 긍정적인 효과를 발휘할 수 있다. 그를 통해 특정한 상징 혹은 트라우마의 그림들에 나타나는 내용이 상호 인지되고 보완될 수 있다. 그러나 환자와 치료사 들의 이 공동 그림은 병행하는 전이 과정의 의식적 인지 하에서만 가치 있을 것이다.

사진 출처

이 책에 수록된 C. G. 융 연구소 아카이브 그림들의 초상권은 퀴스나흐트, 취리히 C. G. 융 연구소에 있습니다.

- 그림 사진 1~15, 21~51, 53~59, 61~67, 69, 71, 74~160, 164~178: 울리히 페터스
- 그림 사진 16~20, 52, 60, 68, 70, 72, 73, 161~163: 퀴스나흐트, 취리히 C. G. 융 연구소
- 197쪽, 사진 1. 만돌라에 둘러싸인 예수, 1150년경, 샤르트르 대성당, 서쪽 중앙문 팀파눔: ⓒ akg-images/ Catherin Bibollet
- 198쪽, 사진 2. 마티아스 그뤼네발트, 이젠하임 제단화, 예수의 부활: ⓒ akg-images
- 199쪽, 사진 3. 조반니 바티스타 피라네시, 1761, 〈상상의 감옥〉 중, "감옥 III(둥근 탑)": ⓒ akg-images

미주

상상의 세계에서

1   그림 아카이브의 소장품들은 네 그룹으로 나눌 수 있으며, 그중 약 6000점에 이르는 작품들은 욜란데 야코비의 환자들이 작업한 것이다.

2   한스 프린츠호른, 《정신병자들의 조형작업: 형태심리학과 정신병리학을 위하여》(슈프링거 출판사, 1922) 참조.

3   C. G. 융, 《새로운 책: 레드북》(편집 및 발행: 소누 샴다사니, 독일어판, 뒤셀도르프, 파트모스 출판사, 2009) 217쪽, 소누 샴다사니 《새로운 책: C. G. 융의 "레드북"》에서 재인용.

4   C. G. 융, 《분석 심리학》 70쪽, 위의 책 201쪽에서 재인용.

5   샴다사니, 《새로운 책》 217쪽 인용.

6   티나 켈러, 《C. G. 융: 어떤 기억과 반사》(1972), 11쪽. 위의 책 207쪽에서 재인용.

7   C. G. 융, 《전집》 5권(오스트필데른, 파트모스 출판사, 2017) 13쪽; 위의 책 199쪽에서 재인용.

8   C. G. 융, 《기억, 꿈, 사상》(제2판, 올텐, 발터 출판사, 1984) 특별판, 203쪽.

내면의 세계를 가시화하기

9   필립 블롬, 《현기증의 시대: 유럽 1900~1914》(뉴욕, 베이직 북스, 2008) 참조.

10   C. G. 융, 《새로운 책: 레드북》(편집 및 발행: 소누 샴다사니, 독일어판, 제4판, 오스트필데른, 파트모스 출판사, 2016), 196쪽 참조.

11   C. G. 융, 〈정신질환의 심리적 문제에 관하여〉(1919): 《전집》(제3판, 오스트필데른, 파트모스 출판사, 2011) 제3권 §467 참조.

12   C. G. 융, 《레드북》, 229쪽 참조.

13   샴다사니, 《새로운 책: C. G. 융의 레드북》, 203쪽 참조.

14   위의 책, 200쪽 참조.

15   C. G. 융, 《검은 책 2권》 58쪽, 위의 책 199쪽에서 재인용.

16   헤르베르트 질버러, 〈특정한 상징적 환각 현상을 불러일으켜 관찰하는 한 가지 방법에 관한 보고〉(1919): 《심리분석과 정신병리학 연구를 위한 연감》(오이겐 보일러, 지그문트 프로이트 발행) 1권(1909), 513~525쪽.

17   루트비히 슈타우덴마이어, 《실험적 자연과학의 마술》(파더보른, 자라슈트로 출판사, 2012).

18   샴다사니, 《새로운 책: C. G. 융의 레드북》, 196쪽 참조.

19   C. G. 융, 〈분석심리학 강의〉(1935); 《전집》(제3판, 오스트필데른, 파트모스 출판사, 2015) 18권/Ⅰ, §413.

20   취리히 융 연구소 그림 아카이브와 문서 중, 1956년 6월, 욜란데 야코비의 메모.

21   C. G. 융, 반 헬스딩겐, 《무의식으로부터의 이미지》(1954)의 서문: 《전집》(제3판, 오스트필데른, 파트모스 출판사, 2015) 제18권/Ⅱ, §§ 1252, 1254.

무의미로부터 근원의 의미로

22   이 그림들을 열람하게 해준, 몇 해 전부터 그림 아카이브를 관리 중인 루트 암만에게 감사드린다. 그녀는 내가 아카이브에 접근하는 데 큰 도움을 주었으며, 중요한 힌트를 제공했다.

23   단 하루 만에 15점의 그림들과 표지가 만들어졌다는 것이 좀 놀랍다.

24   'Ⅱ 1919'는 'Ⅰ 1919'일 수도 있다. 이 부분에서 수정사항이 덧붙여져 'Ⅰ'인지 'Ⅱ'인지 불분명해졌다.

25   그림의 크기는 상이하나, 내가 그림을 관조하는 데는 영향을 미치지 않았다. 피분석자가 그 자리에 놓여있던 종이들을 특별한 기준 없이 취한 것으로 보인다.

26   형상의 성별은 알기 힘들다. 넷 중 둘은 여성에 가까워 보인

다. 어쩌면 그림을 그린 여성은 그저 '사람'을 생각했을 수 있다.

27 첫 번째 만다라는 윗부분이 가슴-머리로 이루어진 형상을 떠오르게 한다는 점에서 첫 번째 시퀀스의 형상들에 가깝다.

28 C. G. 융, 《새로운 책: 레드북》(편집 및 발행: 소누 샴다사니, 독일어판, 제4판, 오스트필데른, 파트모스 출판사, 2016)

29 C. G. 융, 《레드북》 61, 115, 122, 135쪽 참조.: 융이 그린 가면들은 동물의 형상이거나 악마화한 인간의 모습에 가깝다.

30 《다다 연감-미학적 모순의 부조리. 텍스트 이미지, 음성시, 선언문》(취리히, 마네세 출판사, 2016), 127쪽 참조.

31 C. G. 융, 〈집단 무의식의 원형에 대하여〉(1934/35);《전집》 9권/Ⅰ, §16., 같은 책 §66 참조.

32 C. G. 융, 〈모성원형의 심리적 양상〉(1938), 1장, 원형의 정의;《전집》 9권/Ⅰ§155 참조.

33 미래주의와 다다이즘은 그에게 너무 허술했다. 융은 이것들을 "광적이고 취향이 부족한 것들"로 보았다. (〈무의식에 대하여〉,《전집》 10권, §44)

34 라이너 추흐의 〈초현실주의자들과 C. G. 융〉(VDG 바이마르, 2004)에도 이에 대한 암시가 많다. 논문에서 저자는 초현실주의와 다다이즘 안에서의 분석심리학의 수용에 대해 상세히 다루고 있다.

35 위의 논문, 219쪽부터.

36 위의 논문, 263쪽.

37 2016년 리트베르크 미술관 100주년 기념으로 열린 전시회의 제목이 "다다 아프리카"였다. 이 전시회에서 "근원으로의 회귀" 양상이 상세히 전달된다.

38 랄프 부르바이스터 외 공저,《다다 아프리카. 이방인과의 대화》(베를린, 샤이데거 운트 슈피스 출판사, 2016) 10쪽.

39 추흐, 〈초현실주의자들과 C. G. 융〉, 264쪽부터 참조.

40 이 가면들은 그림을 그린 여성처럼 코가 없는 경우가 잦다. 《다다 아프리카》의 조피 토이버와 한스 아르프의 작품 사진 참조.

41 한스 아르프, 〈우리 일상의 꿈 . 기억, 시작 그리고 1914~1954년을 돌아보며〉(아르헤 출판사, 1955) 7쪽; 추흐, 〈초현실주의자들과 C. G. 융〉, 217쪽에서 재인용.

42 위의 책, 250쪽.

43 위의 책, 249쪽부터.

44 같은 책, 222쪽.

45 소누 샴다사니, 〈새로운 책. C. G. 융의 "레드북"〉; C. G. 융, 《레드북》, 217쪽.

46 그림들은 데모크리토스의 이론을 구체화한 모습에 가장 가깝다고 해석할 수 있을 듯하다. "자연은 자연을 즐기고, 자연은 자연을 이기며, 자연은 자연을 지배한다."《연금술: 헤르메스학 사전》(뮌헨, 베크 출판사, 1998), 109쪽.

47 피분석자 여성이 그린 형상들은 조피 토이버와 한스 아르프의 작품 외에도 호피 인디언과 고대 이집트의 조각품들을 본보기로 삼았을 수 있다. 자세한 양식 분석은 해석에 도움을 줄 것이다.

48 이미 언급했듯, 그림의 순서는 불분명하다.

49 수레바퀴가 빛살 모양으로 얼굴을 향해 혹은 그로부터 흘러 나오는 것은 성 니콜라오 데 플뤼에의 중요한 상징이다.

50 나는 여기서 도움의 자아(Hilfs-Ich) 개념을 모레노의 사이코드라마의 의미가 아닌, 안네리제 하이글의 의미로 사용하고자 한다.

51 양식화 및 추상화에 대한 다음의 글도 보라.: C. G. 융,《기억, 꿈, 사상》(오스트필데른, 파트모스 출판사, 2016, 특별판), 210쪽.

내 안의 중심 찾기

52 C. G. 융, 《기억, 꿈, 사상》(오스트필데른, 파트모스 출판사, 2016, 특별판, 제19판), 218쪽.

53 위의 책.

54 위의 책, 219쪽.

55 C. G. 융, 〈만다라의 상징에 대하여〉 그림 6으로 설명됨;《전집》 9권/Ⅰ:《원형과 집단무의식》 §654. C. G. 융/리하르트 빌헬름,《황금꽃의 비밀》(뮌헨, 도른 출판사, 1929)에 수록된 융의 부가설명에도 등장함.

56 같은 책.

57 C. G. 융,《전집》 9권/Ⅰ, §710.

58 위의 책, §714.

59 위의 책, §717.

60 같은 책.

61 잉그리트 리델,《도형: 원, 십자, 삼각형, 사각형, 나선, 만다라》(1985), 89쪽부터.

62 C. G. 융,《전집》 9권/Ⅰ, §623 참조.

63 자크 판크세프, 루시 비븐,《마음의 고고학. 인간 감정의 신경진화적 기원》(뉴욕, W.W. 노튼, 2102), 283쪽부터.

64 C. G. 융,《전집》 9권/Ⅰ, §16.

65 위의 책, §622 참조.

66 올가 폰 쾨니히 파흐젠펠트,《C. G. 융 박사의 독일세미나 보고서》(슈트트가르트, 개인출판, 1931).

67 같은 책, 87쪽부터.

68 베레나 카스트, 《상상력. 내적 원천으로의 입구 찾기》(오스트필데른, 파트모스, 2012).

69 C. G. 융, 《전집》 9권/Ⅰ, §676.

"그런데 나는 대체 왜 환자들에게 붓, 연필 혹은 펜을 사용하여 자신을 표현하도록 격려하는가?"

70 C. G. 융, 〈심리치료의 목적〉(1926); 《전집》 16권: 심리치료의 실제. 심리치료의 문제점과 전이의 심리학에 대한 소고. §105 이하.

71 요한 볼프강 폰 괴테, 《색채론》(1810), 바이마르 판 제3권, 111쪽.

72 취리히 C. G. 융 연구소 그림 아카이브 사례 039.

73 C. G. 융, 〈미스터 O에게, 1947년 5월 2일의 편지〉; 《편지들 Ⅱ, 1946~1955》(오스트필데른, 파트모스 출판사, 2012), 75쪽부터.

74 C. G. 융, 〈만다라의 상징에 대하여〉; 《전집》 9권/Ⅰ: 〈원형과 집단무의식〉(오스트필데른, 파트모스 출판사, 2017) 그림 11, §661.

75 데메테르 비의: 엘레시우스의 비밀의식.

76 C. G. 융, 〈초월의 기능에 대하여〉(1916/1958); 《전집》 8권, §131 참조.

묵시론의 시대

77 C. G. 융, 《기억, 꿈, 사상》(오스트필데른, 파트모스 출판사 2016, 수정 특별판) 이하 196쪽부터; 《C. G. 융, 레드북-텍스트》(오스트필데른, 파트모스 출판사, 2017), 133~135쪽.

78 루트 엘리아스, 《희망이 나를 살아있게 한다》(스위스/뮌헨, 피퍼출판사, 1988).

세계의 새로운 질서

79 안겔라 핑크, 《정신과의 예술: 변형되고, 추적당하고, 판매되다》(빈, 베를린/뮌스터, 리트 출판사, 2012).

80 앙리 포시용, 그리타 바에르로허 번역, 《형태의 삶》(베른, 프랑케 출판사, 1954), 게오르게 쿠블러, 베티나 블룸베르크 번역, 《시간의 형태. 사물의 역사에 대한 주석》(프랑크푸르트 암 마인, 주어캄프 출판사, 1982), 아비 바르부르크, 《이미지

아틀라스 므네모시네》(베를린, 아카데미 출판사, 2000).

81 한 편지에서 서술된 적극적 상상에 관한 융의 언급 참조. "이런 방식으로 당신은 당신의 무의식을 분석할 수 있을 뿐 아니라, 무의식에게 당신을 분석할 기회를 주게 됩니다. 그렇게 당신은 서서히 의식과 무의식을 통합시키게 됩니다. 개성화 과정 없이도 말입니다.": C. G. 융, 〈미스터 O에게, 1947년 5월 2일의 편지〉; 《편지들 Ⅱ, 1946~1955》(오스트필데른, 파트모스 출판사, 2012), 75쪽.

맺음말: 무의식의 그림의 오늘

82 C. G. 융, 《새로운 책: 레드북》

83 욜란데 야코비, 《영혼의 그림 왕국》(취리히/뒤셀도르프, 발터 출판사, 초판 1969/제5판 1992).

84 한스 프린츠호른, 《정신병자들의 조형작업: 형태심리학과 정신병리학을 위하여》(베를린, 슈프링거 출판사, 1922), 발터 모르겐탈러, 《예술가로서의 정신질환 환자》(베른/라이프치히, E. 비르허, 1921), 한스 오스카르 피스터, 《정신질환 환자의 그림에 나타난 색채와 움직임: 취리히 대학병원 정신과》(스위스 신경정신학 아카이브 34)(1934), 325~65쪽.

85 필적학에 관해 야코비, 《영혼의 그림 왕국》, 25쪽(여기 언급된 M. 헬무트, 《필체로 알 수 있는 인간의 유형》(베를린, 문츠 출판사, 1934)도 참조할 것) 및 61, 63쪽, 공간 도식에 대해 25, 53쪽 참조.

86 하인리히 침머, 《인도 미술과 문화 안의 신화와 상징들》(취리히, 라셔 출판사, 1951).

87 욜란데 야코비, 《영혼의 그림 왕국》, 6쪽, 카를 피에르츠의 서문.

88 C. G. 융, 〈심리치료의 목적〉(1926); 《전집》 16권: 심리치료의 실제. 심리치료의 문제점과 전이의 심리학에 대한 소고(제3판, 오스트필데른, 파트모스 출판사, 2011), §§66~13.

89 〈개성화과정의 경험론에 관하여〉(1950); 《전집》 9권/Ⅰ: 원형과 집단무의식(제6판, 오스트필데른, 파트모스출판사, 2017), §§525~622.

90 C. G. 융, 《전집》, 16권, §102.

91 위의 책, §104.

92 같은 책, §106.

93 같은 책.

94 같은 책.

95 C. G. 융, 〈정신분열증〉(1958); 《전집》 3권: 정신질환의 심리적 치유(제3판, 오스트필데른, 파트모스 출판사, 2011), 553~584쪽.

96 야코비, 《영혼의 그림 왕국》, 107쪽의 그림 41: 삼키는 엄마, 수채와 잉크, 18세 소녀 작품.

97 위의 책, 106~112 참조.

98 같은 책, 243~227쪽.

99 같은 책, 243쪽.

100 같은 책, 247쪽부터.

101 같은 책, 248쪽부터.

102 같은 책, 249쪽.

103 같은 책.

104 같은 책, 247쪽.

105 그림 181, 포스터물감, 40세 여성, 그림해석: 위의 책, 269쪽부터.

106 같은 책, 270쪽.

107 그림 183, 포스터 물감, 28세 여성, 그림 해설, 같은 책.

108 그림 184, 제목: '악마적인 소녀', 포스터물감, 77세 여성, 그림 해설: 같은 책.

109 잉그리트 리델, 《미술치료. C. G. 융의 분석심리학에 기초한 개론》(슈투트가르트, 크로이츠 출판사, 1983/개정증보판, 오스트필데른, 파트모스 출판사, 2016).

110 잉그리트 리델, 《종교, 사회, 예술과 미술치료에서의 색채》(슈투트가르트, 크로이츠 출판사, 1983), 《도형: 원, 십자, 삼각형, 사각현, 나선》(제 5판, 크로이츠 출판사,1985/2002년 《도형: 원, 십자, 삼각형, 사각형, 나선과 만다라의 심층심리학적 의미》로 개정판 출간), 《종교, 사회, 예술과 미술치료에서의 그림들. 해석의 방법들》(슈투트가르트, 크로이츠 출판사, 1989/2005년 《종교, 사회, 예술과 미술치료에서의 그림들. 해석의 열쇠》로 개정증보판 출간).

111 크리스타 헨즐러, 잉그리트 리델, 《그룹 안에서 그리기: 상징을 이용한 심리치료 작업의 모델》(슈투트가르트, 크로이츠 출판사, 2008).

112 브리기테 도로스트, 《상징을 수반한 테라피 작업. 내면의 그림 세계를 향하는 길들》(개정증보판, 콜하머 출판사, 2015), 같은 저자, 〈그룹의 원형: 개성화와 공동의 개성화의 경험의 공간으로서의 그림〉;《분석심리학》(2015/3, 181호), 336~361쪽.

113 수잔 R. 바흐, 〈중환자의 즉흥적인 그림: 심신 상관의학에 관한 기고〉;《Acta Psychosomatica 8》(바젤, 가이기 출판사, 1966), 같은 저자, 〈총체적 개성, 사고와 육체의 표현으로서 어린이 백혈병환자들의 즉흥 그림〉;《Acta Paedopsychiatry》(1975, 41.3), 같은 저자, 《삶이 그리는 자기만의 진실. 어린이 중환자들의 즉흥 그림이 가지는 의미에 대하여》(다이몬 출판사, 1995).

114 루돌프 미헬, 〈공간상징학 연구〉, 미출간 원고, 취리히 C. G. 융 연구소.

115 헬렌 I. 바흐만, 《삶의 흔적으로서의 그림》(슈투트가르트, 클레트-코타 출판사, 1985)

116 우르줄라 바움가르트, 《어린이 교육-영혼의 거울》(슈투트가르트, 크로이츠 출판사, 1985)

117 우르줄라 에셴바흐, 《어린이와 청소년의 치료 과정에서의 상징(C. G. 융의 분석심리학의 치료 개념)》(슈투트가르트, 본츠 출판사 1978), 같은 저자, 〈여성 자아의 성숙 과정에서 나타난 표상〉; 페터 미카엘 플뤼거, 《오늘날 의미를 찾아서》(발터 출판사, 1990)에 수록.

118 레나테 다니엘, 《무의식을 그림으로 나타내는 과정에서의 원형의 징표》(C. G. 융의 분석심리학의 치료 개념 6)(바이블링겐-호엔나커, 본츠 출판사, 1993).

119 파울 브루트셰, 〈피분석자가 그린 스케치의 시점이 갖는 의미에 대하여〉(1975, 취리히 C. G. 융 연구소의 석사 논문, 미출간).

120 만프레트 크라프, 〈정신이상자의 심리치료를 돕는 형상화치료〉(1986, 취리히 C. G. 융 연구소의 석사논문, 미출간).

121 마르기타 기에라-크라프, 〈초기장애의 치료에 관한 연구〉(1985, 취리히 C. G. 융 연구소의 석사논문, 미출간).

122 가에타노 베네데티, 〈정신병리학과 예술〉; 기온 콘드라우, 《초월, 상상력과 창의력. 종교, 초심리학과 예술》(20세기 심리학 15, 취리히, 킨들러 출판사, 1979), 1045~1054쪽에 수록.

123 만프레트 크라프, 《나-너-우리: 그룹에서의 치료적 변형과정의 회화적 상징에 대하여》(슈투트가르트, 오푸스 마그눔, 2010).

124 귄터 클라우저, 〈형상화치료: 창의적인 사람들과 함께하는 치료의 일상〉;《Praxis der Psychotherapie 심리치료의 실제 5》(1960), 268~295에 수록.

125 게르트라우트 쇼텐로어, 〈육체치료 방법을 고려한 즉흥적 회화 형상화의 치료 잠재성〉(콘스탄츠, 하르퉁-고레 출판사, 1989).

126 홀그리트 가브리엘, 〈C. G. 융 유형의 미술치료 방법을 동원한 초기 장애의 치료〉; 힐라리온 G. 페트촐트/일제 오르트, 《새로운 창의적치료: 미술치료 안내서》(파더보른, 융퍼만 출판사, 1990).

127 테오도르 아프트, 《융 심리학적 그림 해석 입문》(취리히, 리빙 휴먼 헤리테이지 출판, 2005).

128 크리스타 헨즐러, 〈심층심리학적 해석-접근법을 고려한 미술치료의 양상〉(1985, 카셀 대학 석사논문, 미출간).

129 린다 브린들, 〈감정 세계 안에서 고향을 되찾기: 감정의 표현으로서의 창의력〉; 힌데르크 M. 엠리히/잉그리트 리델, 《감정의 색채순환》(뷔르츠부르크, 쾨니히스하우젠 & 노이만

출판사, 2003), 22~29쪽. 린다 브린들, 《영혼의 언어로서의 그림: 그림과 형상화를 통한 자신의 발견》(오스트필데른, 파트모스 출판사, 2013).

130 크리스타 헨즐러/잉그리트 리델, 《살아남기 위한 그림: 창의적인 애도의 길》(슈투트가르트, 크로이츠 출판사, 2003).

131 크리스타 헨즐러, 〈죽음에 맞서는 그림: 애도 기간을 견뎌내는 그림의 기능〉, 힌데르크 M. 엠리히/잉그리트 리델, 《감정의 색채순환》(뷔르츠부르크, 쾨니히스하우젠 & 노이만 출판사, 2003), 54~64쪽.

132 플로라 폰 슈프레티/한스 푀르스틀, 《정신장애의 미술치료》(제2판, 뮌헨, 우르반 운트 피셔 출판사, 2012).

133 베레나 카스트, 《상징의 역동. 융 유형의 심리치료의 기초》(초판, 발터 출판사, 1990/ 개정판, 오스트필데른, 파트모스 출판사, 2016).

134 브리기테 도르스트, 《상징을 이용한 치료작업. 내면의 그림의 세계로 가는 길 2》(개정증보판, 슈투트가르트, 콜하이머 출판사, 2015).

내면의 그림

첫판 1쇄 펴낸날 2021년 2월 24일
첫판 3쇄 펴낸날 2022년 8월 25일

지은이 루트 암만, 베레나 카스트, 잉그리트 리델
옮긴이 박경희
펴낸이 박남주

종이 화인페이퍼
인쇄·제본 한영문화사

펴낸곳 (주)뮤진트리
출판 등록 2007년 11월 28일 제2015-000059호
주소 서울시 마포구 토정로 135 (상수동) M빌딩
전화 (02)2676-7117   팩스 (02)2676-5261
전자우편 geist6@hanmail.net
홈페이지 www.mujintree.com

© 뮤진트리, 2021

ISBN 979-11-6111-063-9 03180

• 책값은 뒤표지에 있습니다.